9789575470258

汪辟疆著

目錄學研究

文史哲出版社印行

目錄學研究

著者：汪辟疆
出版者：文史哲出版社
登記證字號：行政院新聞局局版臺業字〇七五五號
發行所：文史哲出版社
印刷者：文史哲出版社
台北市羅斯福路一段七十二巷四號
郵撥〇五一二八八一二彭正雄帳戶
電話：三五一一〇二八
實價新台幣二八〇元
中華民國二十三年五月初版
中華民國七十九年十二月四版

ISBN 957-547-025-7

序

本書內凡存目錄學論箸共六篇，皆歷年在中央大學與諸生講習所得者也。目錄學既爲治學之門徑，而近時高級中校以上學校多列爲必修科；學子重視幾埒國文，膺斯講席者，每苦無專書以供教程；於是輒取漢書藝文志或四庫全書總目提要敍錄等用代教材。敎者既因循而憚改作，學者復迷罔而失鑑衡，而校中設立目錄學之旨趣與效用，遂失眞諦。此學術界所致憾也。竊以目錄之學，有本有末，窮六藝之流別，較四部之得失，外以通夫古今學術之郵，內以神其紬繹寸心之用。此目錄學之本旨也。關治學之門徑，啓箸錄之成規，大之可爲通方致遠之資，小之足爲提要鉤玄之助。此目錄學之末節也。若夫揚榷漢志，尋源而棄流，標舉四庫，崇今而蔑古，舉偏遺全，舍本逐末，皆無與於目錄之學也。本書論列，雖非目錄學之全，然其索錄略之淵源，條分合之得失，與夫漢魏六朝間官私箸錄之鉤稽，宋元明淸後叢書類別之更定，所謂目錄學之最繁難最重要者，略已燦然備具。導先路而始椎輪，是則本書刊布之微旨也。排校既竟，爲書其緣起於此。民國二十三年二月十四日彭澤汪辟疆

目次

目錄與目錄學

欲治目錄之學，不可不先明目錄學之界義；古今人言目錄學之界義，亦有數說：其（一）目錄學者綱紀羣籍簿屬甲乙之學也。古人箸書，必有標目，隨事立義，則括一篇之旨；因篇命題，則摘篇首之字〔一〕一書之內，必區分若干篇目，而一書之旨趣乃具。此一書內之目錄也。鄭氏之三禮目錄是也。〔二〕書籍既繁，名目益滋，後人乃爲之綱紀之，彙集羣籍之名爲一編，而標題其書之作者篇卷。或以書之性質爲次，或以書之體製爲次，要皆但記書名；而於其書中之旨趣，不復詳加論列。此羣書之目錄也。劉歆之七略是已。後世目錄，導源於此。踵事而興，則進而商榷其體例，改進其部次者，乃得謂之目錄之學。故目錄之學，乃爲綱紀羣籍，簿屬甲乙，取便尋檢而設，非有其他深微含義也。

其(二)目錄學者，辨章學術剖析源流之學也。目錄不廑爲綱紀羣籍簿屬甲乙而設，要必在周知一代之學術，與夫一家一書之宗旨，而後乃可以部次類居，無凌亂失紀，雜而寡要之弊。如是，則書雖不傳，而後人覽其目錄，可知其學之屬於何家？書之屬於何派？卽古今學術之隆替，作者之得失，亦不難考索而得。觀於漢時劉向劉歆父子世業，閱年二紀，而始成別錄七略之作。【三】迄今書雖不傳，卽就班氏藝文志刪存其要者求之，鈎元提要，往往一二語卽洞明流變，有不待詳說而犂然者；非其人之博通古今學術，而又審辨乎源流得失者，則有一書之旨，必不能索其奧而詔方來，則信乎目錄學之可貴也。果如前說，但視目錄學之綱紀羣籍簿屬甲乙者，乃掌故令吏之所優爲，而決非目錄學者之所有事也。

其(三)目錄學者，鑑別舊槧，讐校異同之學也。綱紀典籍，本重校讐；而校讐之事，則必廣徵衆本，互勘異同。【四】古今目錄之書，罔不重視，觀於班氏藝文志六藝略於易類箸錄古雜八十篇，尚書類著錄尚書古文經四十六卷；禮類箸錄禮古經五十六卷，春秋類箸錄春秋古經十二篇；論語類箸錄論語古三十一篇，孝經類箸錄孝經古孔氏一篇。漢時諸經本有古今文之不同，（漢時所謂古文今文，其始不過古今文字之各異，亦猶今之古本書與今本書耳。）然必詳加箸錄，不厭重出者，非如此則異同得失，無所折衷。卽如劉向校書中秘，每一書竟，表上輒言廣稽衆本；有所謂中書者，有所謂外書者，有所謂太常太史書（史有誤作夫）者，有所謂臣向書，臣某書者。夫中書與太常太史書，則官守之書不一本也；外書與臣向書，臣某書，則家藏之書不一本也。劉向必廣求諸本，互資比較，乃得讎正一書，則舊本異本之重視，蓋可知矣。今欲爲目錄之學，必當標舉異書舊槧，以便互勘異同【五】則目錄乃可寶貴；然非洞悉刊刻源流，博聞淹洽之彥，固不足以語此。故百宋千元，詳加箸錄者，非必其人之標新眩異，一再傳後，寖失其方，乃治目錄學之正軌也。

其

（四）目錄學者提要鉤元，治學涉徑之學也。學術萬端，詎能徧識？亡書軼籍，無補觀摩。故必有目錄爲之指示其途徑，分別其後先，使學者得此一編，而後從事於四部之書，不難識其指歸，辨其緩急。此目錄學之本旨也。昔郡齋作志，顏以讀書；振孫箸錄，名曰解題。發蔀刮蒙，由來已舊。晚近所傳，如龍啓瑞之經籍舉要，張廣雅之書目答問，或指示其內容，或詳注其板本；其目皆習見之書，其言多甘苦之論。彼其所以津逮後學，啓發羣矇者，爲用至宏。肩斯任者，然非殫見洽聞，疏通致遠之儒，不足以膺此大業。故提要鉤元之目錄，乃最切實用之目錄。而其所以研究此種目錄之類分部次與夫取舍得失者，乃目錄學也。

綜上四說，前人多有遵循其界義，以治目錄之學者矣。今吾人欲從事研究，果何所適從乎？曰：此不可不辨也。夫水必有源，其流則歧；學必有本，因時則變。劉略班志，目錄學之起源，亦卽目錄學之正軌也。顧後世之言目錄者，罔不導源於此，而衍之爲數派焉：有目錄家之目錄，有史家之目錄，有藏書家之目錄，有讀書家之目錄。目錄之爲用不同，故界義亦因之而各異。彼夫但記書名，略存篇卷作者，而爲之整齊其類例，詳審其出入，因時損益，無泥於前規，本書立論，無取乎偏激。不標辨章道術之旨，自能神其紬繹寸心之用，如漢志刪存劉略，釐定類例，而書名之排比，整齊卷篇之記述詳盡，俾後人展卷瞭然，檢尋自易。此目錄家之目錄也。立論必探其源，擇言必準諸史；是非同異，具存於敍論；淵源授受，分疏於書名。如漢志總序之折衷孔子，諸子略分論推言某家出於古之某官，其流爲某家之學；與夫書名下略注授受，如胡非子下注云：墨翟弟子。蔡公下注云：事周王孫之類。分疏雖只數語，而書中旨意與其學派之所出，略可考見，其可與史傳互參，或書或不書要能與史互爲表裏。如是則所謂辨章學術考鏡源流者，本史家志藝文之天職；溺其職者，則非良史。此史家之目錄也。若夫鑑別舊槧，考訂異同，漢志雖啓其先，後人踵其製作。故編纂目錄，於其書之爲宋爲元，或批或校，尋行數墨，皆待注明。甚則收藏之圖記，題記之年月，分行標記，纖悉靡遺，徒供鑑賞之資，兼侈收藏之富。追求本旨，非不云廣求舊本，取便校讎，實則於其書之宗旨，不遑辨別，徒以典籍爲玩好之具；洪亮吉嘗目此爲賞鑒家，列之五類之末者是已〔六〕。是爲藏書家之目錄。自班志分疏大旨於書名之下，而後世解題提要之作遂多。唐宋以後勒爲專書者，如晁公武之郡齋讀書志，陳振孫之直齋書錄解題；每書之下，詳加考證，或述作者之略歷，或陳書中之要旨，或明學派之淵源，或定糾紛之異說。他如篇章之眞僞，析理之純駁，亦必反覆證明，使承學之士，得所繩準，洵爲目錄學之鉅製矣。然其奮肊見之私，抒悱憤之語，恣乖隔而違大道，如清四庫總目提要之踵例成書者，亦未能免。然體例足以成家法也。是爲讀書家之目錄。其他名目雖多，語其大體，要不外是四者而已。

準此以譚，則目錄學之界義，可得而論定矣。如第一說之主張綱紀羣籍簿屬甲乙者，則目錄家之目錄是也。第二說之主張辨章學術剖析源流者，則史家之目錄是也。第三說之主張鑑別舊槧校讎異同者，則藏書家之目錄是也。第四說之主張提要鉤元治學涉徑者，則讀書家之目錄是也。四者之中，惟藏書家之注重板本【七】讀書家之重視提要，其體則出於後起，其用則主於一偏，箸錄雖多，要無當於目錄之學。其亟待研討而說最紛呶者，則史家之目錄與目錄家之目錄是已。

主史家之目錄者曰：劉向司籍，乃別九流；孟堅作志，折衷學術。此目錄學之可貴也。後人不曉劉班箸錄之旨，以爲簿錄甲乙，但記書名，類例不分，源流莫辨，猥雜煩瑣，陳陳相因，而無關宏旨之目錄，濫廁著作之林。本此以志藝文，則如劉子玄所謂『凡撰志者宜除此篇』者，【八】信非苛論也。唐宋諸儒，多有追溯源流，明其本旨，而思有以易之。其能詳加商榷，論斷明允者，如隋書經籍志簿錄類論曰：『古者史官既司典籍，蓋有目錄以爲之綱紀；體制湮滅，不可復知。孔子刪書，別爲之序，各陳作者所由；韓毛二詩，亦皆相類。〔九〕漢時劉向別錄劉歆七略，剖析條流，各有其部，推尋事跡，疑則古之制也。自是以後，不能辨其流別，但記書名而已。』細覈隋志所言，則知推尋事跡各陳作者所由，在孔子刪書韓毛序詩以前早有斯例。向歆箸錄，疑出於此。一也。目錄為典籍之綱紀，貴在剖析條流，各有其部。二也。後世目錄，但記書名，不能辨其學術之流別。深識之士，所由病繁蕪，懲因仍而思改作。三也。然隋志所言，尙在推究本源，明其旨趣，以商榷之態度明目錄學之標準；而目錄學為簿屬甲乙取便檢尋之說，不足信矣。嗣後如宋之鄭漁仲氏作通志〔一〇〕於所著之校讎略中，乃祖述隋志之言，更進而剴論之曰：『學之不專者，為書之不明也；書之不明者，為類例之不分也。有專門之書，則有專門之學；有專門之學，則有專門世守之業。人守其學，學守其書，書守其類；人有存沒，而學不息；世有變故，而書不亡。』又曰：『類例既分，學術自明，覩其書可以知其學之源流，或舊無其書而有其學者，是為新出之學，非古道也。』又曰：『書之易亡者，由校讎之人失職故也。蓋編次之時，失其名帙；名帙既失，書安得不亡也？』漁仲則以學術之盛衰，書籍之存逸，皆視目錄之編纂稱職與否。其重視目錄之學，不翅一學術史矣。淸章實齋備論文史，旁及校讎；遠承向歆之緒，近紹漁仲之旨。所著之校讎通義中，更鬯言此旨。【一二】如曰：『古之箸錄，不徒爲甲乙部次計；如徒爲甲乙部次計，則一掌故令吏足矣，何用父子世業，閱世二紀，僅乃卒業乎？蓋部次流別，申明大道，敍列九流百氏之學，使之繩貫珠聯，無少缺逸；欲人卽類以求書，因書究學。』又曰：『校讎之義，蓋自劉向父子部次條別，將以辨章學理，考鏡源流，非精明於道術精微羣言得失之故者，不足以語於此。後世部次甲乙，紀錄經史者，代有其人，而能闡明大義，條別異同，使人由委以溯源，以想見墳籍之初者，千百之中不十一焉。』實齋所論，較之漁仲，益爲明快。彼鄭章二氏大聲疾呼，以辨別學術源流，認爲目錄之本旨者，蓋以目錄之學，雖爲綱紀羣籍，實則明道之要，學術之宗，專乃與史相緯，其體最尊，其任至重。世人但以目錄爲部次甲乙者，蓋淺之乎視目錄矣。

主目錄家之目錄者曰：鄭章所言，乃編述學術史所有事也；而目錄之學，固不在此。所貴乎目錄之學者，以書爲對象，非以學爲對象也，以學爲對象，而爲之條析源流，箸爲一書者，可謂之箸作史，或謂之學術史。以書爲對象，而爲之部次類居，檢考便利者，乃得謂之目錄。而其所以商榷其部次，改進其便利者，乃得謂之目錄之學。故目錄者，爲簿錄書籍而設，非爲辨章學術而設也。鄭章之所抗議乃以書目中所表現之學術思想爲對象，而忘目錄爲記載書籍之簿錄，宜其不合也。夫目錄之名，見於班書，高密鄭氏苦三禮之節目紛繁，乃爲之提要而辨其次第，亦以目錄名篇，所論亦僅及禮經之本篇而止，不涉其餘，其旨固在資學人之資考而已。班氏草創西漢一代之史，乃取向歆父子之書刪要以志藝文。其部次類居之法，允爲目錄之楷模。徒以附史以行，不能不略具流別，具論得失，其體例則爲書目，其用意則固一箸作史也。後史不能遠紹班氏之業，編志一代之藝文，多取秘閣書目，【一三】塡委成篇，與班氏志藝文之旨固有間矣。彼鄭章二氏，深慨劉班之學不傳，學術之條貫不辨，獨抒說肊本史家志藝文之旨，衡量後世目錄之書；其論誠卓矣！豈知目錄之學，固在彼不在此乎？

由前之說，則目錄學爲辨章學術考鏡源流之書，而非疏通致遠之儒，不足以膺此大業，宜乎曠百世而一遇也。由後之說，則目錄學爲簿屬甲乙綱紀羣籍之事，但能因時損益，俾便鉤稽，卽足以盡目錄之能事，宜乎盡人所能勝任也。竊以二說皆可並存，且有相資爲用之處。夫目錄本以記載書籍爲目的，所謂以書爲對象是也。旣以書爲對象，則所謂綱紀所謂簿屬云者，並非漫不經意掇拾書名便可稱目錄之學。是必有類例之商榷焉，流別之剖析焉；使後人卽類以求其書，卽書以求其學。是目錄固未嘗以學爲對象，但舍學而徒言目錄，則如第二說所謂淩亂失紀，雜而寡要之弊，要未能盡免也。惟條別學術本屬學術史範圍；而書籍爲學術所寄託，治目錄者自不能不明其條貫，別其統系，庶幾部次類居，隱有依據。使後人之覽其目錄者，不致淄澠莫辨，且可藉此以周知一代之學術概略，與夫一家一書之宗趣，異乎賞鑑家藏書家之目錄也。夫學術有古今之不同，家法亦有門戶之各異。治目錄而必泥於學術，亦多乖隔而難通。史家本屬六藝之支流，而後世則以附庸蔚爲大國；詩賦在漢志爲獨立之專類，而後世則以別集總集爲尾閭。學異世遷，已難盡遵。必欲溯學術之源流，盡返之於劉略班志之舊例；非惟勢所不可，抑亦徒事紛更而已。

故言目錄學之界義，不明第一說之所主張者，則忘目錄爲紀載書籍之事，而以編纂學術史之天職，認爲編纂目錄之天職，而目錄之本旨失矣。不明第二說之所主張者，則視目錄爲盡人所能爲，而以綱紀簿錄之能事，責之於掌故胥吏之手，而目錄學之效用去矣。是必斟酌於二者之間，則目錄之學，乃由綱紀羣籍範圍，而略涉辨章學術範圍，質言之，則以目錄家之目錄，而兼有史家之目錄本此以言目錄之學則前所言不標舉辨章道術之旨而自能神其紬繹寸心之用者，或庶幾矣其界義奈何？曰：目錄者綜合羣籍類居部次，取便稽考是也目錄學者則非僅類居部次，又在確能辨別源流詳究義例本學術條貫之旨啓後世著錄之規方足以當之此目錄學之界義也。

目錄學之界義既如上述，則吾人研究目錄學之標準，當必博稽其源流商榷其類例，與夫義例之變遷，分隸之出入省宜詳究語其大則可通古今學術之郵；語其細則可得著錄之準則。而治學之方法，亦將於此涉徑焉。

【一】莊子內篇之逍遙遊，齊物論，養生主等篇則括一篇之旨也；其外篇如秋水馬蹄等篇，則摘篇首之字也。論語孟子篇名皆同。

【二】隋書經籍志『三禮目錄一卷，鄭玄撰，梁有陶宏景注，亡。』垣按三禮目錄，皆三禮篇目釋解要義，且於末必云：『此於劉向別錄屬某門。』如曲禮目錄云：『此於別錄屬制度。』檀弓目錄云：『此於別錄屬通論。』明堂目錄云：『此於別錄屬明堂陰陽記。』樂記目錄云『此於別錄屬樂記。』觀於此雖僅釋三禮目錄，然必注明屬於劉向別錄者，則淵源又可見矣。

【三】漢書成帝紀：『河平三年秋八月，劉向校中祕書。』又楚元王傳：『向于歆同受詔講六藝傳記，諸子，詩賦，數術，方技，無所不究。』垣按劉向卒於成帝綏和元年，二年哀帝卽位。詔劉歆典五經。歆於翌年之建平元年，更名秀上山海經表，卽用秀名。同年以移書讓太常博士，觸大司空師丹之怒，於秋被讒免，而歆自當以忤執政懼誅，先丹出守於外。然則歆奏七略當在哀帝建平元年之春夏間矣。計河平三年乙未經建平元年乙卯，前後共二十一年。故應劭風俗通有：『劉向爲孝成典校書籍二十餘年』之語。惟應劭合向歆父子校書之年歲通計，而不及歆。此亦以其父子世業約略言之耳，實則劉向校書中祕不過十九年；劉歆繼向而典五經，前後不過二年。連向歆父子校書之年歲共計之，方逾二十一年耳。

【四】文選魏都賦『讎校篆籀』句李善注引風俗通曰：『案劉向別錄讎校，一人讀書，校其上下，得謬誤爲校；一人持本，一人讀書，若怨家相對，故曰讎也。』蓋所謂校讎者，直欲使書之脫誤，從而正之耳。後世校讎，卽本於此。

【五】近世阮文達校十三經，有所謂單經本，經注本，單疏本，注疏本。謝墉之校孫卿子，有所謂影抄大字本，宋本，元刻纂圖互注本，明虞氏王氏合校刻本，明世德堂本，明鍾人傑本。校勘家最重舊槧舊抄，故清代如盧文弨，顧廣圻，秦恩復，黃丕烈諸公，罔不重視。其本此旨趣，以編目錄者，遂多以宋槧元鈔，而侈其收藏之富矣。

【六】洪亮吉北江詩話曰：『藏書家有數等：錢少詹大昕，戴吉士震，爲考訂家；盧學士文弨，翁閣學方綱，爲校讎家；鄞縣范氏天一閣，錢唐吳氏瓶花齋，崑山徐氏傳是樓，爲收藏家；吳門黃主事丕烈，鄔鎭鮑處士廷博，爲賞鑑家；吳門書估錢景開，陶五柳，湖南書估施漢英，爲掠販家。』

【七】自唐末刊行書籍以後，至宋而大盛，雖槧亦日精，後世藏書家，遂有寶視舊刻，鄙夷新槧者。其始箸錄於私家目錄者，如南宋尤袤遂初堂書目，臚載舊監本，祕閣本，杭本，舊杭本，越本，越州本，江西本，吉州本，嚴州本，湖北本，川本，池州本，京本，高麗本，而南宋盛行之建本婺州本絕不一載。則其輕視通常習見之本可知。嗣後如明嘉靖間晁瑮之寶文堂書目，雖所收不能盡屬古本，而每書下間爲注明某刻，亦未嘗不顯存區別。自錢牧齋，毛子晉先後提倡宋元舊刻，季滄葦，錢述古，徐傳是繼之，流於乾嘉，古刻愈稀，零篇斷葉，寶若球琳。葉煥彬氏所謂宋元本書已成爲漢石柴窰者，洵不誣矣。其嗜好成癖者，嘉靖中朱大韶以美婢易放翁須溪叠山所評之宋本袁宏後漢紀，(遜志堂雜鈔云：婢臨行時題詩於壁曰：無端割愛出深閨，獨勝前人換馬時。他日相逢莫惆悵，春風吹盡道旁枝。朱見詩惋惜，未幾捐館。)事似風雅，然佞宋之癖，有不可理論者矣。

【八】史通書志篇曰：『伏羲以降，文籍始備。逮於戰國，其書五車。傳之無窮，是曰不朽。夫古之所制，我有何力？而班漢定其流別，編爲藝文志。續漢以還，祖述不暇。夫前志已錄，後志仍書，篇目如舊，頻煩互出，何異以水濟水，誰能飲之者乎？愚謂凡撰志者，宜除此篇；必不能去，當變其體。近者宋孝王關東風俗傳亦有墳籍志，其所錄皆鄴下文儒之士，讎校之司，所列書名，唯取當時撰者，習茲楷則，庶免譏嫌。語曰：「雖有絲麻，無棄菅蒯。」於宋生見之矣！』垣按劉子玄以爲史法當主斷代，故極推班氏，最不取通代爲書，而班氏書中之藝文志，古今人表，通數代以成篇，故譏彈不遺餘力。其主張凡撰志者，必除此篇者，其言雖有鑒微之功，實蹈懲噎之弊。要不足爲定論也。子玄雖發此論，厥後宋崇文祕省諸目，仍登往籍，迄清初撰定明史始取黃虞稷氏之書刪要而爲一朝之簿錄，于玄所論始見推行；而漢志隋志之旨微矣。

【九】史記孔子世家言：『孔子序書上紀唐虞之際，下至秦繆，編次其事。』又三代世表言：『孔子因史文次春秋，紀元正時日月，蓋其詳哉！至於序尚書則略無年月。』是孔子序書已見於史記矣。韓詩雖亡，舊亦有序。水經注江水篇引韓嬰敍詩云：『其地在南郡南陽之間。』此韓序周南詩也。王應麟詩考引韓詩序云：『關雎刺時也。』皆明云韓序，則韓詩有序甚明。至毛詩序則具存。惟鄭玄詩譜云：『大序是子夏作，小序子夏毛公合作。』後漢書衞宏傳則謂宏作。其說不一。要之毛詩固有序也。今合書序及韓毛詩序以觀之，或序大旨，或序事實，其體必有所本』。隋書所謂推尊事跡，疑則古之制也。

【一〇】四庫提要史部別史類：『通志二百卷曰通史之例，肇自司馬遷。故劉知幾史通述二體，則以史記漢書共爲一體，述六家則以史記漢書別爲兩家。以一述一代之事，一總歷代之事也。其例綜括千古，歸一家言，非學問足以該通，文章足以鎔鑄，則難以成書。梁武帝作通史六百二十卷，不久卽歸散佚；後有作者，率莫敢措意於斯。鄭樵負其淹博，乃細羅舊籍，參以新意，撰爲是篇。凡帝紀十八卷，皇后列傳二卷，年譜四卷，略五十一卷，列傳一百二十五卷。其紀傳刪錄諸史，稍有移掇，大抵因仍舊目，爲例不純。其年譜仿史記諸表之例，或繁或漏，亦復多歧，均非其注意所在。其平生之精力，全帙之精華，惟在二十略而已。』

【一一】章學誠字實齋，會稽人。乾隆時以文史之學爲天下倡。謂六經皆史，以重其說。實則竊取劉班之緒餘也。其文曼衍，其學課虛而不責實，頗爲時輩所崇。實齋喜詆休寧戴氏，至與袁簡齋並論，尤爲秕繆。所著有文史通義內外篇，校讎通議三卷，奮已板行。近年劉承幹重刻其遺書至十餘種之多，名曰章氏遺書，雖其中不無可喜之論，然崇信過篤，其流弊正無窮也。

【一二】祕閣書目，卽指歷代內府所編之書目：如魏中經，晉中經新簿，元帝四部書目，唐開元四部大目等皆是也。

唐以前之目錄

古無目錄之名。目錄二字，始見於劉向，班固之書。劉向校書，固嘗條其篇目，撮其指意矣。文選王康琚反招隱詩，李善注引劉向列子目錄；〔一〕此劉氏別錄固有目錄二字之證也。然劉向別錄，中之所謂目錄，當指書中之篇目而言；非同後世綱紀羣籍之目錄。班孟堅漢書敍傳，其述藝文志第十，乃曰：『劉向司籍，九流以別，爰著目錄，略序洪烈。』班氏所謂目錄，義較混含。後世著錄羣籍，以目錄名書，或昉於此。此目錄二字之見於載籍之最早者也。厥後東漢末年，鄭玄作三禮目錄一卷，僅就三禮篇目爲之提要。名雖本於子政，義則專釋禮經。紀昀四庫書目提要，乃謂目錄之名，昉於高密。可謂昧其初祖矣。

向歆以後，茲學大昌。踵述源流，猶可沿溯。今就漢魏六朝間目錄學變遷之迹，分爲三時期，述之如次。

(一)七略時期——兩漢

(二)四部時期——魏—晉

(三)四部與七略互競時期——宋—隋

一　七略時期之目錄——兩漢

載籍至兩漢而極盛，目錄亦至兩漢而大昌。

秦政燔滅詩書，典籍蕩然。漢懲秦失，大收篇籍。招巖穴之儒，開獻書之路。迄於孝武，書缺簡脫。於是建藏書之策，置寫書之官；下及諸子傳說，悉充祕府。於時外則有太常太史博士之藏，內則有延閣廣內祕室之府。【三】天下遺文祕籍，稍稍集矣。迄於成帝河平之時，又以書頗散亡；乃使謁者陳農求遺書於天下。詔光祿大夫劉向校經傳，諸子，詩賦；步兵校尉任宏校兵書；太史令尹咸校術數；侍醫李柱國校方技。每一書就，向輒條其篇目，撮其指意，錄而奏之，是曰別錄。今書雖不傳，然就所序戰國策，管子，晏子，孫卿子，列子，鄧析子，及他古籍注中所徵引別錄以觀之；或述作者之身世，或陳書中之要旨，固儼然一後世解題提要之先聲也。劉向既卒，哀帝復使向子侍中奉車都尉歆卒其父業。歆於是揔羣書而奏其七略所謂七略者，卽輯略，六藝略，諸子略，詩賦略，兵書略，術數略，方技略是也。據隋書經籍志稱別錄二十卷，七略七卷，是歆書已減於別錄三之一矣。蓋向書重在解題，故文繁而事贍；歆書但明類例，故綱舉而目張。箸錄之旨趣不同，卷數之豐殺逈異。治目錄學者，每以向歆並稱，詎知父子世業，其所成就並不相襲？而皆爲目錄學不祧之宗也。

東漢之初，班固傅毅等典掌祕府，咸依劉略而爲書部【三】。班氏草創西漢一代之史，復取劉歆七略，删要以志藝文。後世史家奉爲程式。惟班書存其六略而去其輯略。顏師古漢書注謂「輯與集同，卽諸書之總要。」據此以觀，劉歆以輯略居六略之首者，或卽如後世中之發凡起例，以自明其分別去取與其出入互見之意。鄭漁仲氏所謂類例，後世校讎家所謂序例，例言，劉氏輯略，或已開其先例。孟堅既取其書附史以行，固已自成一家之言；而所謂劉書之序例，固無庸贅及者也。然吾觀班氏藝文志有總論以述其綱要，有後論以明其流別。或劉氏輯略所陳其要旨已删存於總論後論之中，則班書雖無輯略之名，已存輯略之實。此書之貴有體要，而鄭漁仲譏其胸中全無類例者，則猶未能深究班氏箸書之本旨也。

要之漢代目錄，以向錄，歆略，班志爲極則。別錄既已不傳，據漢書藝文志所稱向校書時，皆由專家分任校讎；已有六藝，諸子，詩賦，兵書，數術，方技諸目。則向書之類別，已開七略之先。班志雖取六略以志藝文，大體亦仍七略之舊。則是兩漢目錄雖多，皆可以七略統轄之矣。語其流別，則別錄爲提要之祖，七略乃編目之宗，班志示史家之準，則三家之派別不同，而同爲後世目錄學之鼻祖則一也。

二　四部時期之目錄——魏晉

學術隨時代而變遷，故箸錄之體例，不能一成而不變。魏晉以來，學術日歧，典籍彌衆，七略所部，已難盡遵。於是不得不別用概括之法。出附庸爲大國，納細流於巨川。而四部分類之法，遂得以乘時而起。劉略班志之旨微矣。魏承漢業，文籍逾廣，多藏祕府中外三閣。時方多故，未遑細繹，魏之末年，鄭默仕魏爲祕書郎，乃得以考覈舊文，刪省浮穢；於是有中經之作。中書令虞松見而嘆曰：「而今而後，朱紫別矣！」逮於晉初，領祕書監荀勗與中書令張華，整理書籍，又得汲冢中古文竹書，【四】詔勗撰次。勗乃因鄭默中經，更箸中經新簿，總括羣書分爲四部：一曰甲部，紀六藝及小學等書。二曰乙部，紀古諸子及近世子家。三曰丙部，紀史記舊事皇覽簿雜事。四曰丁部，紀詩賦圖讚及汲冢書。大凡四部合計二萬九千九百四十五卷。據隋書經籍志，稱其『但錄題及言盛以縹囊書以緗素；至於作者之意，無所論辨。』則其書之簡率可知矣。

自荀勗之書既行，而劉班之學遂晦。其變更舊制之最爲顯著者，則在劉班用七略，荀勗易以四部。劉班以史記入六藝之春秋家，荀勗則出史記別立專部。汲冢所獲之古文竹書，當時有無詩賦不可知；以今日所存者觀之，當歸荀氏新立之史部；不得與詩賦圖讚並稱。分隸之旨，未能盡明。然其書之影響於後世之目錄分類，固至鉅也。且所貴乎目錄者，在能明其條貫，撮其指意。劉班之書，罔不如此。荀勗對於收藏書籍之法，能計及縹緗之用，而於作者之意，鮮有發明。輕重之間，未免倒置。此固不能曲爲荀氏諱者也。

雖然，四部之名稱雖創始於荀勗；而四部之次序實確定於李充。阮孝緒云：『惠懷之亂，其書略盡。江左草創，百不一存。後雖鳩集，淆亂益甚。及著作佐郎李充加以刪正，因荀勗四部之法，而換其乙丙之書；設略衆篇之名，總以甲乙爲次。』蓋荀勗中經新簿，始分甲乙丙丁四部，而子先於史。至元帝時李充造四部書目，始略易荀氏之舊例，定五經爲甲部，史記爲乙部，諸子爲丙部，詩賦爲丁部。後世目錄，以經史子集分部者，實本於充。晉書李充傳所謂：『祕閣以爲永制，』隋書經籍志所謂：『自爾因循，無所變革』者是也。至於設略衆篇之名而不復別立子目，則以典籍散亂之餘，缺漏殆甚。觀於荀氏中經，尙及甄錄二萬九千九百四十五卷，而李充之四部書目，據隋志所稱，但有三千一十四卷。則是爾時典籍之散失零落可知；其不能別立種目而但以甲乙爲次者，亦不得不然之趨勢也。

魏晉兩朝簿錄之作，以此三部爲最著。今其書並皆不傳。鄭默魏中經之區類，尤難盡悉。但就阮孝緒七錄序『荀勗因魏中經更著新簿』一語推之，或四部分類之法，鄭默已啓其先。然則四部雖確定於李充，發軔於荀勗；而鄭默中經之作，亦在篳路藍縷之列矣。

三　七略與四部互競時期之目錄——六朝

四部箸錄，既已確定於魏晉矣。然則七略部屬之法，果從此絕響乎？曰，是未必然也。凡百事物改革之初，新者既取舊者而代之矣。而舊者亦必思奮起而與之抗。學術變遷之迹，何獨不然？惟舊者既鑒於致敗之原，自不能堅持舊有之成法，皆思有以易之。其優者固當保存，徒以學術之變遷，時代之遞邅，必當採取新制以損益之。庶足關新者之口而堅其壁壘，方足與新者相輔而行。此四部確定之後，而齊梁諸目錄中，尚有規復劉略之舊以從事箸錄者也。顧七略部屬之法，洵善矣，然亦有未可適同於宋齊以後者數端：兩漢以前，史統於經，劉班具論源流，故太史公可附於春秋。後世紀傳日多，流別亦雜，春秋一類，已難盡容。此其一。魏晉以來，玄譚是尚，始則丐馥於老莊，繼則乞靈於服餌，繁言龐雜，愈出愈歧，諸子道家，固難比附；方技房中，詎能盡錄？此其二。佛氏之書，來從域外，齊梁而後，經論益滋，諸子不可苟同，方技無從附會，勢必別立疆宇，以當尾閭。此其三。詩賦原無定稱，但以篇章爲次；集部與於魏晉，不復沿用舊名，改絃更張，勢不容緩。此其四。綜此四端，故六朝之從事簿錄而沿用劉略班志之舊例者，皆不能不因時制宜，別成新錄。此談六朝目錄者所宜知也。

今欲綜述宋齊至隋之目錄，當分二類以說明之。所謂二類者：卽其一遵用四部之目錄，與其一改訂七略之目錄是也。其類別已不可考者，姑從闕如。

李充四部晉書既稱『祕閣定爲永制，』則宋齊以後之從事簿錄者，不能不遵守新制。故繼李充而起者，則有謝靈運之宋元嘉八年祕閣四部目錄。宋書謝靈運傳稱『太祖登祚，徵爲祕書監。使整理祕閣書，補足舊文。』維時書籍散亂，尙稱難得。厥後中朝遺書，稍流江左；至謝氏簿錄之時，據阮孝緒古今書最，知有一萬四千五百八十二卷【五】，佛經四百三十八卷，已遠過東晉初年李充簿錄之數矣。(隋書經籍志稱六萬四千五百八十二卷，六當爲一之誤。)其後有殷淳四部書大目四十卷【六】，有王儉元徽元年四部書目錄四卷。大抵陳陳相因，無所變革，而宋運亦終矣。齊永明元年，祕書丞王亮、祕書監謝朏又造祕閣四部目錄。阮氏古今書最稱其一萬八千一十卷，他無可考。惟蕭梁一朝，目錄最盛。天監之初，祕閣四部，萬卷紛雜；自齊永元以來，久稽校理。故建國之初，爰命儒臣躬自部籍。其見於史籍可考者，有丘賓卿之天監四年四部書目；有任昉殷鈞之天監六年四部書目錄；有劉遵之東宮四部目錄。凡此皆墨守遺範而少有變更者也。惟劉孝標撰次之文德殿四部目錄，其術數之書使祖暅撰其名，〔七〕更為一部。故隋書經籍志稱梁有五部目錄。據阮孝緒七錄所稱『尚書閣內別藏經史雜書；華林園又集釋氏經論。篇章之盛，未有踰於當今。』則爾時門類之廣，恐又非五部所能限也。夫蕭梁一代，目錄之作，可謂多矣！究其原因，蓋以蕭氏父子，篤好文學，一時碩彥，並廁朝列，故得以從容論次，校理祕文。惜乎江陵一炬，而圖書掃地盡矣。自是以後，典籍遺闕。陳天嘉中，稍稍鳩集，有陳天嘉六年壽安殿四部目錄四卷，皆收拾於劫灰之餘。取較蕭梁，相去彌遠。隋開皇三年，牛宏表請遣使搜訪異書，〔八〕遺篇復出。平陳以後，經籍漸備。其篇次目錄，有開皇四年之四部目錄；有開皇八年之四部目錄；有王劭開皇二十年之四部書目。惟煬帝大業正御書目，三萬七千餘卷〔九〕所錄為多。然其部屬之法，大抵遵循四部，無所增損。箸錄雖多，要無當於目錄之學也。是為宋齊至隋遵用四部之目錄。

四部箸錄之目錄，既已盛行於六朝矣。顧亦有沿用劉歆七略之法，而為之改進其部次，變易其名稱，以自成其一家之學者，則宋王儉之今書七志，梁阮孝緒之七錄，與隋許善心之七林是已。

王儉既於宋時造元徽元年四部書目，頗有感於四部之法，未足以統轄羣書，且有牽強遷就之弊；反不如劉氏七略部屬之便，於是采公曾（荀勗字）之中經，刊宏度（李充字）之四部，依劉歆七略之體，同時更撰今書七志四十卷，於元徽元年八月表上之。所謂七志者：一曰經典志，紀六藝小學史記雜傳。二曰諸子志，紀古子及近世諸子。三曰文翰志，紀詩賦。四曰軍書志，紀兵書。五曰陰陽志，紀陰陽圖緯。六曰藝術志，紀方技。七曰圖譜志，紀地域及圖書。其外又條列七略及漢書藝文志中經簿所闕之書，并方外之經，道經佛經，各爲一錄。雖繼七志之後，而不在其數；名雖爲七，實則九志也。然不述作者之意，但於書名之下，每立一傳；而又作九篇條例，冠於卷首。蓋亦規仿劉氏輯略之意。今就其分部以觀其斟酌損益之間，頗有與四部出入者：如四部出紀傳爲專部，七志則入併經典，以復舊觀；四部以數術入諸子部，七志則仍出之，以立專門；其與七略所區迴異者，易詩賦爲文翰，改術數爲陰陽，創圖譜爲專門，鄭樵推爲末世之絕作。附佛道於篇末，隋志奉爲箸錄之成規。凡斯所舉，皆王氏矯然獨異者也。繼王儉七志而起者，則有梁普通中阮孝緒七錄。孝緒生右文之朝，以爲『篇章之盛，未有踰於當今。自以少愛墳籍，長而弗倦；遺文隱記，搜集頗多；官私所藏，涉獵尤廣。』於是總集衆家，更爲新錄。自方內經史以迄術技，合爲五錄，謂之內篇；方外佛道，各爲一錄，謂之外篇。凡爲錄有七，故名七錄。今就廣宏明集所載七錄目次考之：一曰經典錄，分易，書，詩，禮，樂，春秋，論語，孝經，小學，九目屬之。二曰紀傳錄，分國史，注歷，舊事，職官，儀典，法制，僞史，雜傳，鬼神，土地，譜狀，簿錄，十二目屬之。三曰子兵錄，分儒家，道家，陰陽，法家，名家，墨家，縱橫家，雜家，農家，小說，兵家，十一目屬之。四曰文集錄，分楚辭，別集，總集，雜文，四目屬之。五曰術技錄，分天文，讖緯，歷筭，五行，卜筮，雜占，刑法，醫經，經方，雜藝，十目屬之。六曰佛法錄，分戒律，禪定，智慧，疑似，論記，五目屬之。七曰仙道錄，分經戒，服餌，房中，符圖，四目屬之。魏晉以來，史籍所紀諸家書目，條流僅舉，詮次靡詳，惟阮氏七錄細目，尙賴廣宏明集以傳，觀其分門創義，損益前規，宜胡應麟推其綜核之功勤且力矣。其所部次，影響於後代目錄者甚大。如史傳一類，前代箸錄，或出或入，至是始確定爲專部。文集或稱詩賦，或稱文翰，至是始有定稱。他如所析子目，後世從事箸錄之家，奉爲圭臬。雖略有增損，然大體不外是矣。惟七志圖譜一志，阮氏散歸本錄，不復另闢專門。鄭樵頗致憾於孝緒，以不能賡續之爲恨。實則劉班舊例本已各從其類（如耿昌日月行帛圖二百三十二卷入數術歷譜，兵家如吳孫子兵法有圖九卷，齊孫子有圖四卷，楚兵法有圖四卷，孫軫有圖五卷，著錄尤多。其孔子徒人圖法，則有入六藝略之論語家也）。別立專門，則學術之流別不分，部次之分合易混，與鄭氏主張之『學守其書，書守其類』之旨適相刺謬，此正阮氏之卓識過人，不能用此為譏議也。有隋之初，祕藏圖籍尚多淆亂。許善心又仿阮孝緒七錄之體，更製七林。今其書已不可見，據隋書許善心傳稱『開皇十七年除祕書丞。善心放阮孝緒七錄，更製七林，各為總敍，冠於篇首。又於部錄之下，明作者之意，區分其類例焉』云云。則是許氏此作，於規撫王阮之餘，直闖劉班之室，能於總論敍論之中，寓辯章學術之旨。後世解題提要之體，淵源雖出於別錄，然善心七林之作，亦有承先啓後之功，非王阮等但記書名之目錄所能望項也。惜乎其書久軼，非惟分門創義，無可窺尋；即隋唐二志，亦未更著錄其書，而卷數之多寡，更無從考索也。是為宋齊至隋改訂七略之目錄。

四

凡此皆唐以前目錄之可考者也。

竊以目錄之學，創始於兩漢，改進於魏晉，極盛於六朝。然此三時期中，皆有其特異之點：則兩漢七略時期也，魏晉四部時期也，由宋迄隋七略與四部互競時期也。觀於上述，可知矣。顧所述諸目錄，又有官書私箸史志之別，由別錄七略以及魏晉中經，雖典官書，實同私箸，蓋其時體本獨創，例尚未純，向歆世業，乃有別錄七略之殊；荀鄭中經，亦有新舊簿籍之別；祕閣既無固定之程式，箸錄多由作者之別裁。書成表上，僅備省覽而已。惟李充校理祕書，釐定四部，祕閣相承，定爲永制。沿及宋齊梁陳隋諸朝之祕閣書目，罔不遵循四部部屬之法，皆官書也。王志阮錄，雖亦常取裁祕閣，又多搜集於王公縉紳之家，網羅放失，總集衆流，創義則綜錄略之長，區類則極進退之旨，凡斯箸錄，有私箸也。班固傅毅共典祕籍，既有撰集；班氏復因劉略，刪要以志藝文，略取其六，書有附益，本記事記言之旨，備徵文考獻之資，續漢以還，祖述不暇；迄於隋志，蔚爲大觀，番陽揭其流，莆田極其變，若斯之類，皆史家也。故論目錄之學，則李唐以前，實備衆體，繼此有作，官書多守四部之成規；私家則具開闔之微旨；史家乃極刪述之能事。箸錄之作，紛然並起，溯厥淵源，條其流別，罔不導源於隋唐以前也。

【一】按劉向別錄子華子書錄後有『謹目錄』三字。文選任昉爲范始興求立太宰碑表李善注引七略尚書有青絲編目錄一語，似目錄二字已見於別錄七略之書。惟子華子疑爲宋人依脫，嚴鐵橋已有是說。文選注所引尚書句似亦指書內目錄而言，皆不得謂之羣書之目錄也。

【二】初學記十二引劉歆七略云：『孝武皇帝敕丞相公孫宏廣開獻書之路，百年之間，書積如丘山。故外有太常博士之藏，內爲延閣廣內祕室之府。』

【三】後漢書傅毅傳：『建初中，肅宗博召文學之士，以毅爲蘭台令史，拜郎中，與班固賈逵共典校書。』又梁阮孝緒七錄序曰：『劉歆總括羣篇而奏七略，及後漢蘭台猶爲書部。又於東觀及仁壽闥撰集新記，校書郎班固傅毅並典祕籍。固乃因七略之辭，爲漢書藝文志。』據此，則傅毅固嘗參校讎之役矣。

【四】按晉書武帝紀及荀勗束晳傳均載：『晉武帝太康二年，汲郡人不準得竹書於魏安釐王（一作魏襄王）冢中。』並云：『竹書七十五篇，穆天子傳五篇，又雜書十九篇，周食田法周書論楚事周穆王美人盛姬事。隋書經籍志有紀年十二卷，周書十卷，古文瑣語四卷，穆天子傳六卷，』四書下並注云：『汲冢書』而周書下，更注：『似仲尼刪書之餘。』於是汲冢周書之名益著。惟漢志本有周書七十一篇，與今本合。則今本逸周書，似不能斷爲出於汲冢，紀年已亡佚，至明人始鈔合諸書而成，故與前人所見之本牴牾。盛姬事本在穆天子傳內。則束晳傳別出之亦非，其詳細辨正，已見四庫提要，皆考汲冢書者所當知也。

【五】胡應麟經籍會通云：『謝靈運所校爲一萬四千五百八十二卷。隋志以爲六萬。按六代間書倘難得，司馬渡江，纔得三千；孝武時三萬，恐亦重複。宋初何能遽爾？當以舊唐書爲正。』阮氏七錄數同。

【六】宋書殷淳傳：『字粹遠，景仁從弟也。少好學，有美名，在祕書閣撰四部書目四十卷，行於世。』南史本傳：『歷中書黃門侍郎，在祕閣，撰四部書大目凡四十卷。』

【七】祖暅，南史作祖晅，附冲之傳：『暅字景爍，冲之子。少傳家業，究極精微，亦有妙思，入神之妙，父所改何承天歷，時尚未行，天監初，暅之更修之，於是始行焉。位至太府卿。』

【八】隋牛弘上表，請開獻書之路曰：『昔周德旣衰，舊經紊棄。孔子以大聖之才，開素王之業，憲章祖述，制禮刊詩，正五始而始春秋，闡十翼而宏易道。及秦皇馭宇，吞滅諸侯，先王墳籍，掃地皆盡。此則書之一厄也。漢興，建藏書之策，置校書之官。至孝成之世，遺謁者陳農求遺書於天下。詔劉向父子讎校篇籍。漢之典文，於斯爲盛。及王莽之末，並從焚燼。此則書之二厄也。光武嗣興，尤重經誥，未及下車，先求文雅。至肅宗親臨講肄，和帝數幸書林。其蘭台石室，鴻都東觀，祕牒塡委，更倍於前。及孝獻移都，吏民擾亂，圖書縑帛，皆取爲帷囊。所收而西，載七十餘乘，屬西京大亂，一時燔蕩。此則書之三厄也。魏文代漢，更集經典。祕書郎鄭默刪定舊文時之論者美其「朱紫有別」。晉氏承之，文籍尤廣。晉祕書監荀勗定魏內經，更著新簿。屬劉石憑陵，從而失墜。此則書之四厄也。永嘉之後，寇竊競興，其建國立家，雖傳名號，憲章禮樂，寂滅無聞。劉裕平姚泓，收其圖籍，五經子史纔四千卷，皆赤軸青紙，文字古拙，並歸江左。宋祕書丞王儉依劉氏七略，撰爲七志。梁人阮孝緒亦爲七錄，總其書數三萬餘卷。及侯景渡江，攻破梁室，祕省經籍，雖從兵火，其文德殿內書及公私典籍重本七萬餘卷，悉送荊州。及周師入郢，繹悉焚之於外城，所收十纔一二。此則書之五厄也。後魏爰自幽方，遷宅伊洛，日不暇給，經籍闕如。周氏創基，關右戎軍未息，保定之始，書止八千，後加收集，方盈萬卷。高氏據有山東，初亦採訪，驗其本目，殘闕尚多。及東夏初平，獲其經史四部重雜，三萬餘卷，所益舊書五千而已。今御書單本合一萬五千餘卷，部帙之間，仍有殘缺；比梁之舊目，止有其半。至於陰陽河洛之篇，醫方圖譜之說，彌復爲少。臣以經書自仲尼迄今，數遭五厄；興集之期，屬膺聖世。今祕藏見書，亦足披覽，但一時載籍，須令大備。不可王府所無，私家乃有。若猥發明詔，兼開購賞，則異典必致，觀閣斯積。』

【九】胡應麟經籍會通云：『隋文父子，篤好斯文，訪輯蒐求，不遺餘力；名山奧壁，捆載盈庭。嘉則殿有書三十七萬餘卷，書契以來，特爲浩瀚。尋其正本，亦止三萬七千耳。』按大業正御書目錄九卷，爲柳顧等所校定；除去猥複，止得三萬七千。見通考甚詳。明人陸深別集中統論乃謂：『柳顧言等之所校定「七萬七千餘卷」，不知何所據也。

論唐宋元明四朝之目錄

附四朝目錄存佚統表

唐後漸有雕板〔一〕，故典籍流通，視六朝以前爲廣；官私之庋藏愈富，目錄之箸錄遂多。逐卷論列，更僕難勝。今爲便於敍述，乃將自唐宋元明四朝之目錄，分爲官書、私箸、史志三大別，擇要論列，其義例不具者，仍從省略。

唐承隋命，文教大興。顧貞觀之初，文皇雖嘗留意典籍，搜訪祕文，而目錄之作，返遜梁隋。胡應麟經籍會通云：『文皇初年，亦似留意經籍。貞觀中，魏徵、虞世南、顏師古等相繼爲祕書監，請購天下書〔二〕，選五品以上子孫工書者繕寫，藏於內庫，俾宮人掌之。以文皇總之於上，虞、魏董之於下，應者宜響然。迄貞觀中，未聞增益，諸臣亦絕無目錄之修，何也？蓋太宗所騁志在文辭，所鍾嗜在翰墨於經籍，蓋浮慕焉；未必如隋宋之竭力蒐訪也。故貞觀中百事超越前代，此反愧焉。』據胡氏所言，則爾時君臣別有崇尚，其意固不在此。今就新唐書藝文志考之，則知自太宗高宗以來，官私所撰之類書，如文思博要，搖山玉彩，累璧，東殿新書，北堂書鈔，策府，三教珠英，藝文類聚，文館詞林，諸書卷帙繁富，獨冠千古【三】則所謂騁志文翰浮慕經籍者，不爲無據也。

唐初既無目錄之箸錄，目錄之盛，當推開元。唐志稱開元三年，左散騎常侍褚無量馬懷素侍宴，言及經籍，玄宗曰『內庫皆是太宗高宗先代舊書，常令宮人主掌，所有殘缺，未遑補緝，篇卷錯亂，難於檢閱。卿試爲朕整比之。』至七年，詔公卿士庶之家所有異書，官借繕寫。及四部書成，上令百官入乾元殿東廊觀之，無不駭其廣。儒臣馬懷素褚無量頗有賡續王儉七志之志，部錄圖書，【四】未成而馬褚先後殂謝，元行冲總代其職。九年十一月，殷踐猷，王愜，韋述，余欽，毋煚，劉彥貞，王灣，劉仲等重修成羣書四部錄二百卷。右散騎常侍元行冲奏上之。凡箸錄五萬三千九百一十五卷。而唐之學者自爲之書，又二萬八千四百六十九卷。共得書八萬二千三百八十四卷。則是開元箸錄之數，遠邁前代矣。今其書已久佚，據舊唐志所稱，分類多本隋志，無甚出入。惟毋煚既與修開元羣書四部錄，又略爲四十卷，名爲古今書錄。其編撰要旨，具載舊唐志總序。〔五〕大凡五萬一千八百五十二卷。此唐代官書目錄中二鉅箸也。唐志又有韋述集賢書目一卷，通志藝文略尚有唐四庫搜訪書目一卷，開元四庫書目四十卷。（疑卽古今書錄之誤）唐祕閣書目四卷，類例不具，無由窺測。

自安史之亂，兩都覆沒，乾元舊籍，日益散亡。肅宗代宗，崇重儒術，屢詔購募，稍有鳩集。文宗時鄭覃侍講禁中，以經籍道喪，屢以爲言，詔令祕閣搜訪遺文，日令添寫。於是又有開成四部書目之作。雖搜錄未及如開元之盛，然據唐志所載，已甄錄至五萬六千四百七十六卷矣。黃巢倡亂，再陷兩京，遺籍尺簡，焚蕩殆盡。開成祕閣所掌之四部御書十二庫共七萬餘卷者，至是僅存一萬餘卷而已。降及昭宗徙都洛陽；曩時載籍，益復蕩然。陵夷至於五季，干戈相尋，詩禮寡習。然其時典籍始尚鏤板之制，學者無筆札之勞。徒以時際亂離，簡編斷絕，幸而存者，百無二三。惟蜀王建書目一卷，他無所聞。

有宋之初，昭文、史館、集賢三館有書萬餘卷。太宗太平興國三年，於左昇龍門建立崇文院，謂之三館新修書院正副本凡八萬卷。端拱元年，又就崇文院中堂建秘閣，分三館書萬餘卷，則貯其中，合稱四館。右文之意，於玆可見。迄於仁宗景祐元年閏六月，以三館及祕閣所藏，或謬濫不全，命翰林學士張觀，知制誥李淑宋祁等看詳，定其存廢；譌謬者删去，漏略者補寫。因詔翰林學士王堯臣史館檢討王洙館閣校勘歐陽修校正條目，討論撰次，仿唐開元四部錄，加詳著錄。書成，於慶曆元年十二月上之，賜名曰崇文總目。書凡六十四卷，四十五類，所收書凡三萬六百六十九卷。嗣後神宗改崇文院曰祕書省，徽宗時改是書曰祕書總目。然自南宋以來，諸書援引，仍稱爲崇文總目，從其朔也。惟原書久軼，今就秦鑒依舊本次第補著之原目考之，則經部有易，書，詩，禮，樂，春秋，孝經，論語，小學九類；史部有正史，編年，實錄，雜史，僞史，職官，儀注，刑法，地理，氏族，歲時，傳記，目錄十三類；子部有儒，道，法，名，墨，縱橫，雜，農，小說，兵，類書，算術，藝術，醫書，卜筮，天文占書，曆數，五行，道書，釋書，二十類；集部有總集，別集，文史三類。原書於每條之下，具有論說，一書大義，必舉其綱，陳晁諸人固嘗取法於此。故書雖亡失，後學覽其目錄，尚可推見全書本末，法至善也。乃鄭漁仲則譏其文繁無用，使人意怠。而紹興中搜訪遺書，又復删去序釋，僅存書名【六】而六十六卷之崇文總目，不能復覩矣。厥後元托托作宋史藝文志，紕漏顚倒，瑕隙百出，於諸史志中，最爲叢脞。則以高宗改定，删除序釋，而後人據以編志藝文者，無從諟正之所致也。

宋時目錄，既以崇文總目爲巨擘，而鄭氏藝文略，尙有祕閣四庫書目十卷，張方平撰史館書目二卷，嘉祐訪遺書詔幷目一卷，僅存卷數，無從考索。徽宗以還，廣求祕籍，且以三館書多散軼，建局補校，設官總理。其所補繕，一置宣和殿，一置太淸樓，一置祕閣。自熙寧以來，搜訪補緝，斯爲最盛。稽其所獲，已溢出二萬五千二百五十四卷，則宋時祕閣書籍之富，以此爲最。迨夫靖康之難，而宣和館閣之儲，蕩然靡遺。高宗移蹕臨安，乃建祕書省於國史院之右，訪求遺闕，優賞獻書。於是四方之藏，稍稍復出，而館閣編輯，日益加富。其時有祕書省續編到四庫闕書目二卷，【七】以經史集子爲次；而子部類目，儒家之後，次以道書仙家，釋書子書（此子鈔及論諸子之書）皆異舊目。至書籍之分隸歧出，濫收尤爲紕繆。書既無撰人，頗疑出於祕省諸臣之手。然崇文總目之後，中興館閣書目之前，則此目以舊鈔而僅存，良足寶已。嗣後目錄最著者，有孝宗時陳騤等所撰之中興館閣書目三十卷，（宋史藝文志作七十卷敍例一卷）於淳熙五年上之。大凡箸錄四萬四千四百八十六卷。〔八〕直齋陳氏稱其間考訂，不免疏謬。又寧宗時有張攀等所撰之中興館閣續書目三十卷，於嘉定十三年上之。以淳熙後所續得之書纂續前錄，凡得一萬四千九百四十三卷。〔九〕陳氏亦稱其草率殊甚，更過淳熙。合中興館閣正續二目，知宋末共有書五萬九千四百二十九卷；視崇文總目，又有加焉。然兩宋秘閣之目錄，略具於是矣。

元起朔漠，文事未遑。雖亦有經籍所宏文院秘書監之設，又盡收臨安圖書，海運北上，而目錄之作缺如。至正中儒臣撰秘書監志，〔一〇〕亦僅紀先後送庫若干部若干冊，而不列書名。明初修元史，又不列藝文之科；一代祕閣所儲，漫無稽考。但自五代以來，印板大行，至兩宋則益精。而公私板本流布海內，自國子監秘閣刊校外，尚有浙本蜀本閩本江西本，此外則學官詳校，或書坊私刊，後世目錄家之專事賞鑑者，插架相誇，罔不取給於是。此則宋元兩朝之所獨絕者也。

明太祖入定燕都，首命大將軍收秘書監圖書。詔求遺籍，設秘書監丞，尋改翰林典籍以掌之。永樂間，又命禮部尚書鄭賜，遣使訪購；惟其所欲，與之勿較值。北京既建，詔修撰陳循取文淵閣書一部至百部，各擇其一，得百櫃，運致北京。宣宗嘗臨文淵，親披閱經史，與少傅楊士奇等討論。是時所貯書籍約二萬餘部，近百萬卷，刻本十三，抄本十七。正統間士奇等言：『文淵閣所貯書籍，有祖宗御製文集及古今經史子集之書，向貯左順門北廊，今移於文淵閣東閣。臣等逐一點勘，編成書目。』即今所傳之文淵閣書目【二】是也。惟其書以千字文排次，自天字至往字，凡得二十號五十櫥。四庫全書總目稱：『以永樂大典勘對，其所收之書，世無傳本，往往見於此目，可知爾時儲藏之富。士奇承詔編錄，不能考訂撰次，勒爲成書。而草率塞責，較之劉向之編七略，荀勗之敍中經，誠爲有愧，』云云。不知其時庋藏雖多，殘缺殆甚士奇不能考訂撰次，當有所待，不能用此爲譏議也。此目舊本不分卷數，四庫全書提要作四卷；黃虞稷千頃堂書目作十四卷。卷數差異，不知何據。明時秘閣書籍，類皆宋元所遺，無不精美。裝用倒摺，四周外向，蟲鼠不能損。迄流賊之亂，宋刻元鐫，胥歸殘闕；而目錄之作，亦無人繼起，茲可嘆耳！明史藝文志史部無目錄一門，一代官私箸錄無從稽考。惟千頃堂書目尚載有馬愉秘閣書目二卷，錢溥內閣書目一卷，張萱等新定內閣藏書目錄八卷，（萬曆中編定）內府經廠書目二卷，國子監書目一卷，南雍總目一卷，御書樓藏書目一卷，都察院書目等，其中除張萱新定內閣書目外，大抵爲數寥寥無足重輕。明史特以其瑣細，故削而不載耳。凡此皆唐宋元明四朝之官書目錄也。

至若私家目錄，則以唐宋以來得書較易，故收藏之家，遠邁前代，私家箸錄，代有所聞。唐則有吳兢西齋書目一卷，錄其家藏書凡一萬三千四百六十八卷。李肇有經史釋題一卷；蔣或有新集書目一卷；杜信有東齋集籍二十卷；今書皆不傳，箸錄之旨，無從考見。他如李泌蘇弁諸人，皆以收庋圖籍爲人所稱；而李泌插架三萬卷，蘇弁家藏二萬，侔於秘閣，惜皆無目錄之作。唐時雕本尚稀，民間所藏，鮮及三萬。若馮贄雲仙散錄序稱『家藏九世之書二十餘萬卷』者，幾逾秘閣，其爲誕妄，甯待置喙。

迄於宋代，藏書之家，指不勝屈。宋初有江南江元叔正，【一二】嘗爲越州安陸刺史，藏書數萬卷，有江氏書目，見王明清揮麈後錄。周密齊東野語云：『宋承平時，如南都戚氏，歷陽沈氏，廬山李氏，九江陳氏，番陽吳氏，王文康，李文正，宋宣獻，晁以道，劉壯輿，皆號藏書之富。邯鄲李淑五十七類，二萬三千一百八十餘卷；田鎬三萬卷；昭德晁氏二萬四千五百卷；南都王仲至四萬三千餘卷。而類書浩博，若太平御覽之類，復不與焉。次如曾南豐及李氏山房，亦皆一二萬卷。若吾鄉故家如石林葉氏賀氏，皆藏書至十萬卷。其後齊齋倪氏，月河莫氏，竹齋沈氏，程氏，賀氏，皆號藏書之家，各不下數萬卷，亦皆散失無餘。近年惟直齋陳氏書最多，蓋嘗仕於莆，傳錄夾漈鄭氏，方氏，林氏，吳氏舊書至五萬一千一百八十餘卷。吾家三世積累，凡有書四萬二千餘卷，及三代以來金石之刻一千五百餘種，庋置書種志雅二堂，日事校讎，居然籯金之富」云云。【一三】今考周氏所舉宋代諸藏書家，其目錄間有見於通志藝文略及宋史藝文志者，然不傳者多。惟昭德晁氏直齋陳氏二家之所箸錄，則眞有宋一代私家目錄中之最有典則者也。

晁公武承其家文元公四世之學，【一四】藏書宏富，博覽不倦。及守榮州，又得四川轉運使南陽井憲孟（文獻通考作刀度憲孟也。）之贈書，公武於簿書之暇，躬自校讎，疏其大略，為郡齋讀書志二十卷；書成於紹興二十一年。自以所錄書史集居其半，若依七略，則多寡不均，故亦分為四部。經之類凡十：其一曰易，二曰書，三曰詩，四曰禮，五曰樂，六曰春秋，七曰孝經，八曰論語，九曰經解，十曰小學。合二百五十五部，計三千二百四十四卷。史之類凡十有三：其一曰正史，二曰編年，三曰實錄，四曰雜史，五曰僞史，六曰史評，七曰職官，八曰儀注，九曰刑法，十曰地理，十一曰傳記，十二曰曰譜牒，十三曰目錄。合二百八十三部七千三百八十八卷。子之類凡十八：其一曰儒家，二曰道家，三曰法家，四曰名家，五曰墨家，六曰縱橫家，七曰雜家，八曰農家，九曰小說，十曰天文，十一曰星歷，十二曰五行，十三曰兵家，十四曰類書，十五曰藝術，十六曰醫書，十七曰神仙，十八曰釋書。合五百五十五部，計七千七百六十卷。集部其類有三：一曰楚辭類，二曰別集類，三曰總集類。集部不載部數卷數。據公武自序：『得南陽公書五十篋，合吾家舊藏，除其復重，得二萬四千五百卷有奇。今三榮僻左，少事，日夕躬以朱黃讎校舛誤，終篇輒撮其大旨論之』云云。今籀繹其書，經史子集四部，各冠以總論。書名之後，或具作者之始末；或論書中之要恉；或詳學派之淵源；或斠篇章之次第。每覽一書，輒詳本末，其所發明，有足觀者。惟其書在宋時有兩本：其一為四卷本，淳祐十年番陽黎安朝知袁州刊之郡齋；又取趙希弁家藏書續之，謂之附志。所謂『袁州本』也。其一，為二十卷本，則晁之門人姚應績所編。淳祐九年南充游鈞知衢州所刊。所謂『衢州本』也。袁衢二本卷數差異。其後希弁得衢本參校，為後志二卷，以補其缺。蓋已非完書矣。馬端臨經籍考，所引晁說，皆據衢本。如京房易傳，宋太祖實錄，太宗實錄，建康實錄之類，其文多至數倍，悉與衢本合。近代王先謙取衢袁二本合校刊行，而衢本之向稱罕見者，【一五】至是乃可讀也。

其與晁志並推爲目錄之宗者，則爲陳振孫直齋書錄解題。【一六】觀於周密所論，則知陳氏此書在宋末已爲世所重。其體例大抵規仿晁氏讀書志，惟不標經史子集之名。將歷代典籍區爲五十三類，各詳其卷帙之多寡，作者之名氏，而爲之品題其得失，故曰解題。雖不立四部之名，然就所分五十三類以觀之，則易類，書類，詩類，禮類，春秋類，孝經類，語孟類，經解類，讖緯類，小學類，十類者；經也。正史類，別史類，編年類，起居注類，詔令類，僞史類，雜史類，典故類，職官類，禮注類，時令類，傳記類，法令類，譜牒類，目錄類，地理類，十六類者，史也。儒家類，道家類，法家類，名家類，墨家類，縱橫家類，農家類，雜家類，小說家類，神仙類，釋氏類，兵書類，歷象類，陰陽家類，卜筮類，刑法類，醫書類，音樂類，雜藝類，類書類，二十類者，子也。楚辭類，總集類，別集類，詩集類，歌詞類，章奏類，文史類，七類者，集也。其先後次第，仍本四部。至書中品題得失，語多平允。四庫提要謂『古書之不傳於今者，得藉是以求其崖略，其傳於今者，得藉是以辨其眞僞，核其異同』，故得與晁氏讀書志，並爲考證之所必資也。惟宋史藝文志不載其書，馬氏經籍考雖摭採其說甚備，而馬考目錄內，亦未箸錄。淸倪燦宋史藝文志補乃載入陳振孫直齋書錄解題五十六卷，乾隆間編修四庫書，從永樂大典錄出校定，釐為二十二卷。而此書乃從鼠齧之餘，得與晁志並行於世者，未始非厚幸也。

宋代私家目錄，晁陳而外，其次要者如邯鄲之李，莆田之鄭，無錫之尤三家。【一七】略具類例。李淑獻臣邯鄲圖書志，載其家藏圖書五十七類，經，史，子，集，通記一千八百三十八部，二萬三千三百八十六卷，其外有藝術志，道志，書志，畫志，通為八目，十卷，號圖書十志。胡應麟謂李氏類例，於四部之外，更列四目，亦阮氏外篇之意。然書畫一類，分為二門，有道書而無釋典，不可曉也。鄭氏書目七卷，莆田鄭寅子敬列所藏書為七錄：曰經，曰史，曰子，曰藝，曰方技，曰文，曰類。唐以後不分四部而仍七錄之名者，惟鄭一家。尤袤延之遂初堂書目，凡經九類，史十八類，子十二類，集五類。今考其類：目則經部分經總，周易，尚書，詩，禮，樂，春秋，論語，孝經，孟子，小學九門。史部分正史，編年，雜史，故事，雜傳，僞史，國史，本朝雜史，本朝故事，本朝雜傳，實錄，職官，儀注，刑法，姓氏，史學，目錄，地理十八門。子部分儒家，雜家，道家，釋家，農家，兵家，數術家，小說家，雜藝，譜錄，類書，醫書十二門。集部分別集，章奏，總集，文史，樂典五門。其目但記書名，不具解題。故馬氏經籍考無一條引及袤說。且今本并缺卷數，選人，使後人無從考索，殊爲缺憾。四庫提要疑爲傳寫者所删削，非其原書，恐亦未盡確也。至一書兼載數本，則又開後世版本學之先河，又晁陳二家所未逮也。楊誠齋爲遂初堂書目序稱：『延之於書靡不觀，觀書靡不記，每公退則閉戶謝客，日記手鈔若干古書。其子弟及諸女亦鈔書。一日謂余曰：「吾所鈔書今若干卷，將彙而目之。饑讀之以當肉，寒讀之以當裘，孤寂而讀之以當友朋，幽憂而讀之以當金石琴瑟也。」』則延之之篤嗜典籍可知矣。宋人目錄，箸錄雖多，存者亦僅官書若崇文總目已非完書；私家目錄尤多散軼。今幸而獲存者，惟延之此目與晁氏讀書志陳氏書錄解題三種，尚可考見宋時典籍之存軼，宜乎爲考證家所取資也。

有元一朝，亦嘗搜求典籍，官府所儲，尚無總目，私書箸錄，益復寥寥。清錢大昕補元史藝文志，有陸氏藏書目錄，不載卷數，高文獻潛會序其書，稱吳郡陸君，亦不詳其名字，至其書中義例，更無從推測。陶宗儀輟耕錄云：『莊蓼塘住松江府上海縣青龍鎭，嘗爲宋秘書小史，其家蓄書數萬卷，且多手鈔者。經史子集山經地志醫卜方技稗官小說靡所不具，書目以甲乙分十門，江南藏書多者止三家，莊其一也。』元世諸藏書家箸錄傳記罕載，據陶氏所稱江南三家，其二不著姓氏，亡從考其何人有無目錄，更無從論定矣。

迄於明代，得書之易，又過宋元，藏書之家，遠邁前代。惟明史藝文志，不收官私目錄，今就黃虞稷千頃堂目錄所箸錄者觀之，就中私人所藏，不下五十餘種。惟閱時既久，亡散亦多。今略可考者：有葉盛菉竹堂書目六卷；晁瑮寶文堂分類書目三卷；朱勤美萬卷堂書目十六卷，周弘祖古今書刻四卷；李廷相蒲汀家藏書目二卷；高儒百川書志二十卷；祁承㸁澹生堂藏書目八卷；周廷槐大業堂書目二卷；徐𤊹徐氏家藏書目七卷。皆高氏所箸錄，而其書尚存者也。【一八】此外明人目錄僅存者，有陳第世善堂藏書目二卷；趙琦美脈望館書目；毛扆汲古閣珍藏秘本書目一卷。【一九】其餘目錄雖多，或僅見傳鈔；或久闕篋衍；若存若亡，指不勝屈。惟即其所存者言之，大抵類別無甚變遷，議例多守成法。惟晁氏寶文堂分類書目，於每書之下，間爲注明某刻，可以考見明代版本之源流。祁氏澹生堂書目，邵懿辰謂其書可分爲四十七卷，書中分類頗爲精細，要足尚耳。

至有明一代箸錄之富，體例之嚴，莫若黃虞稷氏之千頃堂書目。虞稷先世泉州，其父居中，官南京國子監丞，遂居南京戶部街，有千頃齋。【二〇】少好讀書，老而彌篤，千頃齋中藏書萬有餘卷。虞稷生際明季，時值南都傾覆，天府之寶藏，故家之秘笈，盡力搜羅，典籍大備。乃就有明一代之書，詳加箸錄，爲千頃堂書目三十二卷。今按其部類，則經部十二類：曰易，曰書，曰詩，曰三禮，曰禮樂，曰春秋，曰孝經，曰論語，曰孟子，曰經解，曰四書，曰小學。史部十八類：曰國史，曰正史，曰通史，曰編年，曰別史，曰霸史，曰史學，曰史鈔，曰地理，曰職官，曰典故，曰時令，曰食貨，曰儀注，曰政刑，曰傳記，曰譜系，曰簿錄。子部十二類：曰儒家，曰雜家，曰小說家，曰兵家，曰天文家，曰歷數家，曰五行家，曰醫家，曰藝術家，曰類書，曰釋家，曰道家。集部八類：曰別集，曰制誥，曰表奏，曰騷賦，曰詞曲，曰制舉，曰總集，曰文史。其箸錄大旨，蓋欲成有明一代之藝文志，固私家目錄而兼有史家目錄者也。四庫提要稱：『其以集部分八門，其別集以朝代科分爲先後，無科分者則酌附於各朝之末，視唐宋二志之糅亂，特爲淸晰，體例可云最善。』淸廷詔修明史，藝文一志，卽以此目爲底本，從而删增潤色之，則其書之賅贍可知矣。至其書每類之末，各附以宋金元人之書，黃氏之意，蓋以宋志漏略，元史又無藝文，援宋隋志例，甄錄遺逸。提要以爲書不賅備，又不及五代以前，詆之，殆猶未喩黃氏箸錄之旨也。〔三〕金陵朱氏家集云：『南仲公朱廷佐入吳郡庠，與周忠介友善，南渡後，面折馬阮，不求仕進，手寫古今書目，爲黃俞邰（虞稷字）龔蘅圃所得，以備史料。千頃堂書目，蓋卽參取南仲公書目而成。』然錢牧齋輯列朝詩集，從俞邰借書，得盡閱所未見。又爲黃氏作千頃齋藏書記。是虞稷固嘗實有其書，並非悉據朱氏舊目，足以取證。或有疑滄桑之際，朱氏插架所藏，與其手寫之書目，並爲黃氏所得，虞稷因據之以成此書。說本傳疑，無從斷定。要之，有明一代私家之目錄雖多，其最有典則可以取法者，千頃堂書目，其巨擘也。凡此皆唐、宋、元、明四朝之私家目錄也。

若夫史家目錄，於體爲最尊，於用爲較廣；膺茲任者，非得殫見洽聞，疏通致遠之彥，鮮能垂範於方來，繼軌於往喆，宜乎曠百世而難一遇也。劉班尙矣！唐宋以後，繼此有作，實推隋志。然亦祇可考漢後之藝文，至其敍述源流，間有乖誤。鄭漁仲奮起於千載之後，自視甚高，惜其所作，實難相副；其餘作者，又遠不逮焉。則知茲事之難也！

今欲究唐宋以後之史家目錄，可述爲三類：

一曰正史之屬。隋唐以後，正史之有藝文志者，惟隋書，舊唐書，唐書，宋史，明史而已。五史之中，其爲治目錄學者所推者。當爲隋書經籍志。其書爲貞觀中史官所撰。全書體例，大抵規撫漢志，易其七略之稱，定爲四部。史志目錄以四部分部者，隋志其首也。序稱：「大唐武德五年，克平僞鄭，盡收其圖書及古跡焉。命司農少卿宋遵貴載之以船，泝河西上。將致京師，行經底柱，多被漂沒；其所存者，十不一二；其目錄亦爲所漸濡，時有殘缺。今考見存，分爲四部，合條爲一萬四千四百六十六部，有八萬九千六百六十六卷。其舊錄所取，文義淺俗無益敎理者，並删去之；其舊錄所遺，辭義可采，有所弘益者，咸附入之。遠覽馬史班書，近觀王阮志錄；挹其風流體制，削其浮雜鄙俚，離其疏遠，合其近密，約文緒義，凡五十五篇，各列本條之下。〔三三〕以備經籍志。」云云。今籀繹其書類例，整齊條理備具。每於部類後，各繫以後論總論，尤足以究學術之得失，考流別之變遷，文美義賅，班志後所僅見也。至區分類目，關係尤鉅。王阮以前，規模麤具，宋明以後，部目益繁。隋志奮起於隋唐之間，遠紹班荀，近開晁馬，史家奉爲準繩，私錄資其沾漑；則綜核損益之功，不得不謂之勤且力矣。今按首部爲經，其類有十：一曰易，二曰書，三曰詩，四曰禮，五曰樂，六曰春秋，七曰孝經，八曰論語，九曰圖緯，十曰小學。次爲史，其類十三：一曰正史，二曰古史，三曰雜史，四曰霸史，五曰起居史，六曰舊事，七曰職官，八曰儀注，九曰刑法，十曰雜傳，十一曰地理，十二曰譜系，十三曰簿錄。再次爲子，其類十四：一曰儒家，二曰道家，三曰法家，四曰名家，五曰墨家，六曰縱橫家，七曰雜家，八曰農家，九曰小說家，十曰兵法，十一曰天文，十二曰歷數，十三曰五行，十四曰醫方。最後爲集，其類有三：一曰楚辭，二曰別集，三曰總集。而以道家經戒符籙，佛氏經律論疏二類，附於卷末。本阮氏七錄之舊例，而沒其外篇之名，則齊梁以來著錄家之通例也。隋唐以前典籍十九散亡；承學之士賴此部錄，尙得以考見源流，辨別眞僞，正不必泥於四庫抨擊之說而輕致訾議也。【二三】清儒致力隋志者，有章宗源朱緒曾姚振宗。【二四】朱有考證之志而未成書。章氏則以一生輯逸之力，抽其精要，爲隋書經籍志考證一書，最爲精覈。惜經子集三部皆佚，今僅傳其史部考證而已。姚氏書命名與章同，至今始出，亦其後勁也。

新舊唐書二志，大抵規橅隋志。而於類目稍有增易：於經部則增入解經一類，（舊唐書經籍志倂入經緯）而易圖緯爲讖緯；史部易古史爲編年，霸史爲僞史，舊事爲故事，雜傳爲雜傳記，譜系爲譜牒，簿錄爲目錄。子部則增入雜藝術書類（舊唐志曰事類）明堂經脈（舊唐志曰經脈）三類而易醫方爲醫術他亦無所變更。惟道家一目，揔括神仙釋氏之書，強爲附會，於義未安，新舊二志，並同此失，最不可法者也。

宋史藝文志爲元脫脫所撰。其書草創，自序雖稱刪存舊史而補其未備。（舊史自太祖至寧宗爲書凡四志藝文者前後部帙有亡增損互有異同今刪其重複合爲一志而益以寧宗以後史所未錄者爲成此志云云。）實則咸淳以來，尚多闕略。至分別類目，悉本唐志，其所損益更無足述。至其書籍之分隸，尤多失當：其一書而兩載，一類者，如小說類之劉賓客嘉話錄是也。其一書而分載兩類者，如郡齋讀書志既載目錄類，又載傳記類是也。類此者尚多，實難縷指。【三五】則其書之草率可知矣。是爲屬於正史之史家目錄。

二曰別史之屬：別史云者，四庫提要所謂上不列於正史，下不儕於雜史，而與正史相輔而行者也。鄭漁仲負其淹博之才，橫絕之識，頗思繼軌子長，通數代而成書，於是有通志二百卷之作。書中藝文一略，尤爲一生精力所注。其總序會謂：「學術之苟且，由源流之不分；書籍之散亡，由編次之失紀。易雖一書，而學有十六：（學有傳學有注學有章句學有圖學有數學有讖緯學不得總言易）詩雖一書，而學有十二。（有詁訓學有傳學有注學有圖學有譜學有名物學不得總言詩）道家凡二十五種，（有道書有道經有科儀有符籙有吐納內丹有爐火外丹等）醫家凡二十六種，（有脈經有灸經有本草有方書有炮炙有病源有婦人小兒等）不得渾爲一家。』其校讐略則謂：『欲明書者，在於明類例；類例不明，則圖書失紀。臣於是總古今有無之書，爲之區別，凡十二類：經類第一，禮類第二樂類第三小學類第四史類第五，諸子類第六天文類第七，五行類第八，藝術類第九，醫方類第十，類書類第十一，文類第十二，經一類分九家，（曰易曰書曰詩曰春秋曰國語曰孝經曰論語曰爾雅曰經解）九家有書八十八種。禮一類分七家，（曰周官曰儀禮曰喪服曰禮記曰月令曰會禮曰儀注）七家有書五十四種。樂一類爲一家，（曰樂）有書十一種。小學類爲一家，（曰小學）有書八種。史一類分十三家（曰正史曰編年曰霸史曰雜史曰起居注曰故事曰職官曰刑法曰傳記曰地理曰譜系曰食貨曰目錄）十三家有書九十種。朝代之書，則以朝代分；非朝代書則以類聚分。諸子一類，分十一家。（曰儒術曰道家曰釋家曰法家曰名家曰墨家曰縱橫家曰雜家曰農家曰小說家曰兵家）其八家爲書八種。道釋兵三家書差多，爲四十種。天文一類分三家（曰天文曰歷數曰算術）三家爲書十五種。五行一類分三十家，（曰易占曰軌革曰筮占曰龜卜曰射覆曰占夢曰雜占曰風角曰鳥情曰逆刺曰遯甲曰太一曰九宮曰六壬曰式經曰陰陽曰元辰曰三命曰行年曰相法曰相笏曰相印曰堪輿曰易圖曰婚姻曰產乳曰登壇曰宅經曰葬書）三十家爲書三十三種。藝術一類爲一家，有書十七種。醫方一類爲一家，有書二十六種。類書一類爲一家，分上下二種。文類一類，分二十二家，（曰楚詞曰別集曰總集曰詩總集曰賦曰贊頌曰箴銘曰碑碣曰制誥曰表章曰啓事曰四六曰軍書曰案判曰刀筆曰俳諧曰奏議曰論曰策曰書曰文史曰詩評）二十二家四十一種。（按校讐略所載家數書數與藝文略不符今據藝文略子目更定再校讐略天文類作星數類今亦據藝文略改正知校讐略乖誤多矣）總十二類百家四百二十二種。朱紫分矣』云云，觀其所區部類，頗有近於繁瑣，分劃無當。然其究專門之學，矜世守之業，則於七略四部之後，眞所謂紬繹寸心別具手眼，而從事門部錄之改革者也。惜鄭氏特其睨睥一世之才，高視闊步，不能詳檢其類目，商榷其分隸，往往不能精密，致後人多所譏彈。則漁仲之失也。

宋末番陽馬端臨繼杜佑通典，而作文獻通考三百四十八；書中經籍考七十六卷，最爲繁富。但其書取材全據晁公武讀書志，陳振孫直齋書錄解題二書。自序亦稱『所錄諸書，先以四代史志列其目，其存於近世而可考者，則採諸家書目所評，幷旁搜史傳文集雜說詩話，凡議論所及，可以紀其著作之本末，考其流傳之眞僞，訂其文理之純駁者，則具載焉。』觀於馬氏所言，不待細繹其書，而知其著書之旨，不過排比舊文，博採衆說，其於類例之更定，書旨之研討，彼固未嘗別有發明，但供後學之稽考而已。馬氏於夾漈通志略，嘗譏其『高自稱許，而所自爲則不堪檢點。』（見經籍考二十八卷）則馬氏不欲矯然立異之旨可見。後人頗有輕視馬氏，鄙爲類書，或卽本於此歟。惟其書既據晁陳二家之舊文，又不肯多事更張，故區別類目，多本直齋，出入甚少。明淸以後，晁書但見袁本，陳書久闕，石渠學子考訂藝文，欲尋晁陳二家之說，賴此書以見其概略。明何文肅（喬新廣昌）嘗將其經籍考七十六卷訂刻別行，（見千頃堂書目）則其書之沾溉學子可知矣。是爲屬於別史類之史家目錄。（四庫提要以通志入別史類，馬氏文獻通考入證書類，今統入別史述之）

三曰擬史之屬：南宋時有中興四朝藝文志，（見馬氏經籍考別史類夾漈通志略條下馬氏按語）其書久軼，無從論列。明史稿焦竑傳稱『大學士陳于陛於萬歷間建議修國史，欲竑專其事，竑遜謝，乃先撰經籍志，其他率無所撰，館亦竟罷』云云。據此，則焦氏以國史名其書者，固擬史而未成書者也。焦氏於有明諸儒之中，號稱淹貫，故所撰頗具法度。全書類例，大抵遠規劉向，近法鄭樵。首列御制書類，而以御制及中宮著作記注時政敕修諸書皆附焉。餘則分經史子集四類，下列子目。經類有易書詩春秋禮樂孝經論語孟子經總解小學十一目。史類有正史，編年，霸史，雜史，起居注，故事，職官，時令，食貨，儀注，法令，傳記，地理，譜牒，簿錄十五目。子類有儒家，道家，釋家，墨家，名家，法家，縱橫家，雜家，農家，小說家，兵家，天文家，五行家，醫家，藝術家，類家十六目。集類有制誥，表奏，賦頌，別集，總集，詩文評六目。類目之下，則爲之細注，其標題以見其學之家數，俾承學之士，雖不見其書，而知其書之出於何家，學之出於何派，其用意全放鄭氏藝文略，不可不謂之詳且密矣。焦氏嘗言：『部分不分則兵亂，類例不立則書亡。向歆剖判百家，條綱粗立，自是以往，書名徒具，而流別莫分，官牒私楮，喪脫幾盡，嘗觀老釋二氏，雖歷廢興，而篇籍具在，豈盡人之力哉！二家類例既明，世守彌篤，雖亡而不能亡也。』其言推本隋志，而與漁仲鄭氏志藝文之旨，若合符節。顧焦氏雖嘗取法鄭氏而不阿其所好，亦頗致譏彈之詞。如云：『古今簿錄，勝劣不同，鄭樵彈射不遺餘力，而倫類溷淆，或自蹈之，目論之譏，誰能獨免？』又嘗條舉歷代簿部之書，如漢書，隋書，唐書，宋史諸藝文志，及唐四庫書目，宋崇文總目，鄭氏藝文略，馬氏經籍考，晁公武讀書志，諸家分隸之誤，爲糾繆一卷，附於卷末。尋其推論，頗思採取諸家之所長，而沒略其所短。則是焦氏奮起於千載之後，上掩前哲，下開方來，蓋亦近於古之狂者也。(章學誠駁正焦氏誤校漢志十五條在校讎通義內)惟焦氏既負其淹洽之才，加以脫略行檢，與溫陵李贄沆瀣相投，頗有病其人者。淸時修撰四庫全書，因惡其人，將其著述，泰半抑諸存目中。且謂『國史經籍志，叢鈔舊目，無所考核，不論存亡，率爾濫載，古來目錄，惟是書最不足憑；誇詞炫世，貽誤後生。』恣意醜詆，可謂身無完膚矣！而淸人如錢辛楣，章實齋，又頗推重其書。錢撰元史藝文志，則謂於是書採獲甚多。章作校讎通義，則稱其書整齊有法，皆不致如四庫館臣所詆之甚。至歷代志經籍藝文者，但據舊目以甄錄往籍，鮮論存亡，古今一揆，未可專詬焦氏一人也。惟書中移刺楚材與耶律楚材，周權與周衡，俱爲二人；揭奚斯與揭曼碩重出，趙孟堅入元人，不無疵累；要未足爲全書之玷。明代目錄雖多，其典則可法者，私撰則有黃俞邰之千頃堂；史家則有焦弱侯之經籍志。一代箸錄，得此二書，差稱不寂寥矣。是爲屬於擬史類之史家目錄。

由唐迄明之史家目錄之最有關係者，大抵盡此。至於考證之屬，如宋王應麟之漢書藝文志考證十卷；鈔訂之屬，如明何喬新之訂刻馬端臨經籍考七之六卷，祁承㸁之諸史藝文鈔三十卷。或補注舊文，或取便觀覽，皆無當於史家目錄之學也。凡此皆唐宋元明四朝之史家目錄也。

漢唐以來之目錄，其變遷分合之迹，既備論於上矣。顧隋唐以前，得書不易，必官府所藏，乃有目錄之作；故簿錄之見於史傳及載籍者，爲數寥寥。今書多散軼，類例不具，但就其可徵者言之。唐宋以後，雕板盛行，得書較易，私家所儲，將埒秘閣；而官私目錄，作者彌繁，但就其關係較鉅者，擇要論列；其無關箸錄之宏恉者，亦置而弗論。今欲窺前代箸錄之全，爲研究目錄學之指導，乃就各史藝文志與各家目錄，將由漢迄明之目錄專書，列爲三表，而以官書，私藏，史家別之。其書之卷數，撰人存佚之可考者，悉爲注入，而別疏其所據之書與異同之處於附說中，俾展卷而知歷朝目錄之概略，取證前說，當不有小補也。惟史志及私家書錄所稱簿錄之屬，收及文章目經史目，以及專門目錄，頗爲總雜；且偏無不全，仍從删削。非謂此不足與於目錄之列，蓋以目錄之學重任綜攬載籍，別類部居，貴能自具條貫，而此種專門之目已總括於全目之中，非其所急，故不備論云。

【一】鏤板印書始於李唐中葉。唐元稹白居易長慶集序有『繕寫模勒，衒賣於市井』之語，是雕板已見於元和長慶間。此最早者也。唐柳玭家訓序云：『中和三年癸卯夏，鑾輿在蜀之三年也，余爲中書舍人。旬休，閱書於重城之東南，其書多陰陽雜記占夢相宅九宮五緯之流，又有字書小學，率雕板印紙，浸染不可曉。』是雕板已盛於僖宗中和年間。此較晚者也。宋葉夢得石林燕語卷八亦節引柳序，而斷爲唐有刻板。朱翌猗覺寮雜記又云：『雕印文字，唐以前無之，唐末益州始有墨版，後唐方鏤九經。』綜上諸說，皆爲唐中葉以後確有墨板之證。惟明陸深河汾燕閒錄引『隋開皇十三年十二月八日，敕廢像遺經，悉令雕板』之語，斷爲鏤板始於隋朝，此大誤也。陸氏此語本隋費長房三寶記，其文本曰：『廢像遺經，悉令雕撰。』意謂廢像則重雕，遺經則重撰耳。日人島田翰作雕板源流考，引陸說，亦知雕板與三寶記雕撰有異，而强謂陸深在明，必有所本，武斷傅合，殊不足信。至島田又引顏氏家訓，稱『江南書本』，謂書本乃對墨本而言，是北齊已有雕板。據書本二字，斷爲刻板之證，然則劉向別錄所稱校讎，一人持本者，將謂炎漢之世已有版本耶？此眞不足辨者也。按島田翰雕板源流考，見所著古文舊書考內。

【二】舊唐書魏徵傳云：『貞觀三年遷祕書監，參預朝政。徵以喪亂之後，典章紛雜，奏引學者校定四部書。數年之間，祕府圖籍，燦然具備。』又令狐德棻傳云：『時承喪亂之餘，經籍亡逸，德棻奏請購募遺書，重加錢帛，增置楷書令繕寫。數年間，羣書略備。』

【三】唐書藝文志子部類書類：文思博要一千二百卷目十二卷，高士廉房玄齡魏徵許敬宗等撰，貞觀十五年上。搖山玉彩五百卷，許敬宗等撰。累璧四百卷又目錄四卷，許敬宗等撰，龍朔元年上。東殿新書二百卷，許敬宗李義甫奉詔於武德殿內修撰，其書自史記至晉書，刪其繁辭，龍朔元年上，高宗製序。北堂書鈔一百七十二卷，虞世南撰。策府五百八十二卷，張太素撰。三教珠英一千三百卷目十三卷，張昌宗李嶠沈佺期宋之問等撰。藝文類聚一百卷，歐陽詢撰，令狐德棻袁朗趙宏智等同修。又集部文史類文館詞林一千卷，許敬宗劉伯莊等撰。按以上諸書並載唐志，今多不傳，其幸而獲存者，爲北堂書鈔藝文類聚二書，至殘卷留存，則文館詞林而已。

【四】舊唐書馬懷素傳云：『開元初，爲祕書監，兼昭文館學士。懷素雖居吏職，而篤於學，手不釋卷，深爲玄宗所禮。是時祕書省典籍散落，條疏無序。懷素上疏曰：「南齊以前墳籍，舊編王儉七志，已後著述，其數盈多，隋志所書，亦未詳悉。或古書近出，前志闕而未編；或近人相傳，浮辭鄙而猶記。若無編錄，難辨淄澠。望括檢近書篇目，并前志所遺者，續王儉七志，藏之祕府。」上於是召涉學之士，國子博士尹知章等，分部撰錄，并刊正經史，粗定首尾。』

【五】按毋煚古今書錄四十卷，原書久佚，惟劉昫舊唐書經籍志，曾採其序入總序。略云：「竊以經墳浩廣，史圖紛博；尋覽者莫之能徧，司總者常苦其多；何假重屋複床，更繁其說。若先王有闕典，上聖有遺事，邦政所急，儒訓是先，宜垂教以作程，當闡規而開典，則不遑啓處，何獲晏寧；曩之所修，誠惟此義。然體有未愜，追怨良深。於時祕書省經書實多亡闕，諸司墳籍，不暇討論。此則事有未周一也。其後周覽人間，頗覩祕文，新集記貞觀之前，永徽已來不取；近書採長安之上，神龍已來未錄。此則理有未宏二也。書閱不徧，事復未周，或未詳名氏，或未知部伍。此則體有未通三也。書多闕目，空張第數，既無篇題，實乖標牓。此則例有所虧四也。所用書序，咸取魏文貞；所分書類，皆據隋經籍志。理有未允，體有不通。此則事實未安五也。昔馬談作史記，班彪作漢書，皆兩葉而僅成；劉歆作七略，王儉作七志，踰二紀而方就；孰有四萬卷目，二千部書名，首尾三年，便令終竟；欲求精悉，不其難乎？所以常有遺恨，竊思追雪。乃與口類同契，積思潛心，審正舊疑，詳開新制。永徽新集，神龍近書，則釋而附也；未詳名氏，不知部伍，則論而補也；空張之目，則檢獲便增；未允之序，則詳宜別作；紕繆咸正，混雜必刊；改舊傳之失者，三百餘條；加新書之目者，六千餘卷。凡經錄十二家，五百七十五部，六千二百四十一卷；史錄十三家，八百四十部，一萬七千九百四十六卷；子錄十七家，七百五十三部，一萬五千六百三十七卷；集錄三家，八百九十二部，一萬二千二十八卷。凡四部之錄，四十五家，都管三千六十部，五萬一千八百五十二卷。成書錄四十卷。其外有釋氏經律論疏，道家經戒符籙，凡二千五百餘部，九千五百餘卷，亦具飜釋名氏，序述指歸。又勒成目錄十卷，名曰開元內外經錄。若夫先王祕傳，列代奧文，自古之粹籍，鱗符絕域之神經，怪牒盡載於此二書矣。夫經籍者，開物成務，垂教作程，聖哲之能事，帝王之達典而去聖已久，開鑿遂多。苟不剖判條源，甄明科部，則先賢遺事有卒代而不聞，大國經書，遂終年而空泯。使學者孤有泳海弱羽憑天，銜石塡溟，倚杖追日；莫聞名目，豈詳家代，不亦勞乎？不亦弊乎？將使書千帙於掌眸，披萬函於年祀，覽錄而知旨，觀目而悉詞，經墳之精術盡探，賢哲之睿思咸識，不見古人之面而見古人之心。以傳將來，不其愈已！

〔六〕拙撰方湖讀書記有關於崇文總目敘釋刪除各說一條，茲錄於下：崇文總目，據史志及各家箸錄，爲卷六十有六，所箸錄之書，有三萬六百六十九卷。其書原有總序，分序，及各書敘釋，今本皆不存。宋鄭樵通志校讎略，多攻擊此書，於各書下之敘釋，尤多詆毀。謂其文繁，使人意怠。清朱彝尊曝書亭集，有崇文總目跋尾，謂：『其中序釋，紹興中改定此書，因漁仲之言從而去之。』厥後杭世駿道古堂集謂：『朱說非是。馬貴與王應麟之書，並存敘釋。馬王生漁仲百餘年後，尙及見其原書，可知在宋末，原未有闕。後世傳鈔者，畏其繁重，乃率意刪去耳。』又錢大昕潛研堂文集又謂：『宋會要載：「紹興十二年十二月，權發盱眙軍向子堅言，乞下本省，以唐藝文志及崇文目所闕之書，注闕字於其下，付諸州軍搜訪之。」其本有目無釋，取便檢尋耳。不因漁仲之言而刪。且漁仲以薦入官，在紹興之末，登館閣，旋卽物故；名位卑下，未能傾動一時。若紹興十二年，漁仲乃一閩中布衣耳。朱氏言當不可信。』據朱杭錢三家所辨論，錢說最爲得之。蓋紹興求書，既以唐志崇文二目互勘，而注其闕失。搜訪之時，自不能以全目頒行天下；且繁重不便訪求。故當時別有簡目，而僅注闕字之一卷本，卽起於是時。晁子止陳伯玉所見，卽今世所傳之一卷本，紹興中從向子堅之言而改定者也；馬貴與王應麟所見，乃當時僅存之原修之六十卷本也。惟王馬二家書所徵引，亦未賅備。就今錢東垣錢侗等所綴輯本觀之，闕漏甚多。則馬王所見之原本恐亦不全。否則所徵引者，不止此也。又按崇文總目宋中興館閣書目宋史藝文志通志藝文略，並作六十六卷；江少虞事實類苑作六十七卷；玉海引國史志，稱總目六十六卷之外，別有敍錄一卷，類苑或併敍錄數之也。衢本郡齋讀書志通考經籍考，並作六十四卷李燾通鑑長編麟臺故事，並作六十六卷；袁本讀書志直齋書錄解題並作一卷。明朱睦㮮萬卷堂書目作二卷。凡此皆明以前舊本，而著錄之卷數，互異如此。

【七】陳振孫直齋書錄解題云：「祕書省四庫闕書目一卷，亦紹興改定。其闕者，注闕字于逐書之下。」玉海云：「淳熙十七年，鄭樵按祕書省所頒闕書目錄，集爲求書闕記七卷，外記十卷。今按紹興改定之祕書省續編到四庫闕書目二卷，有葉德輝觀古堂刻本。葉有序說明其源流甚覈。又南京龍蟠里國學圖書館抄本有李兆洛丁申兩跋，見館藏善本書題跋輯錄，（在國學圖書館第二年刊內）可以參觀。

【八】玉海云：「紹興初，改定崇文總目。祕省續編四庫闕書。淳熙四年十月，少監陳騤言乞編撰書目。五年六月九日，上中興館閣書目七十卷，序例一卷，凡五十二門，計見在書四萬四千四百八十六卷，較崇文目所載，多一萬三千八百十七卷；復參三朝史志，多八千二百九十卷；兩朝史志，多三萬五千九百九十二卷。閏六月十日，令浙漕司摹版。」按宋史三百九十三陳騤傳：「騤字叔進，台州臨海人。淳熙五年，試中書舍人，兼侍講，同修國史。寧宗卽位，知樞密院事，兼參知政事。嘉泰三年卒，贈太傳，諡文簡。」又按騤有文則，在台州叢書內。

【九】文獻通考經籍考云：「嘉定十三年，以四庫之外，書復充斥，詔祕書丞張攀等續修書目。又得一萬四千九百四十三卷而太常博士之藏諸郡諸路刻板而未及獻者不預焉。蓋自紹興至嘉定，承平百載，遺書十出八九，著書立言之士又益衆，往往多充祕府。紹定辛卯火災，書多闕。」

【一〇】祕書監志有李許齋手抄藏葉東卿氏家，後爲龔孝拱購去。光緒三年，孝拱病狂死，書歸上海今獨山莫善徵。光緒九年丁丙從莫氏借錄，計五萬六千五百字。今此本藏南京龍蟠里國學圖書館，有丁丙跋。

【一一】錢大昕有舊抄本文淵閣書目跋云：「文淵閣書目編號凡二十，每號分數廚貯之，凡七千二百五十六部。首御製實錄，次六經、性理、經濟，次史家，次子家，次詩文集，次類書、韻書、姓氏、法帖、圖畫，次政刑、兵法、算術、陰陽、醫方、農圃，次道書、佛書，而以古今地志終焉。其中或一書而數部，又不著卷數；於撰述人姓名時代亦多缺略。故秀水朱氏譏其牽率已甚。考卷首載正統六年題本，稱永樂十九年自南京取回書籍，向於左順門北廊收貯；近奉聖旨，移貯於文淵閣東閣，臣等逐一打點清切，編置字號，寫完一本，名曰文淵閣書目，請用『廣運之寶』鈐識，永遠備照，庶無遺失。則此目不過內閣之簿帳，初非勒爲一書，如中經簿、崇文總目之比。必以撰述之體責之，未免失之太苛矣。己巳歲小除日，嘉定錢大昕書於京都官菜園寓齋。」

【一二】宋初藏書家當推江正。（字元叔，江南人。）正嘗爲越州刺史，越有錢氏；正時借書本謄寫，遂并其本有之。及破江南，又得其遺書，兼吳越所得，殆數萬卷。老爲安陸刺史，遂家焉。盡輦其書，築室貯之。沒後，子孫不能守，悉散落于民間。（王明清揮麈後錄卷五。）魏了翁謂正故後，其藏書爲臧僕竊去，市人裂之以藉物。其入於安陸張氏者，傳之未幾，一饑之富，僅供一炊。（遂初堂書目跋）其入於鄭氏者，僅一千一百卷。鄭氏三歸安陸，大爲搜訪，殘帙遺編，往往得之閭巷。（揮麈後錄引鄭毅夫江氏書目記。）江氏書散失之概，兄略可覩矣。

【一三】周密齊東野語羅舉有宋一代藏書家，可謂略備。今疏記於下：戚同文，楚邱人。喜讀書。藏書甚富。諡堅素先生。著有孟諸集。沈立，歷陽人。初在蜀，悉以公粟售書，積卷數萬。神宗問所藏，立上其目。通志藝文略有沈諫議書目三卷。宋史三百三十三有傳。陳巽，字公順，德化人。祥符八年進士，歷常州團練推官，補武安節推，改著作郎。英宗卽位，遷祕書監。性好學，聲音星曆之技，無所不知。南豐曾鞏撰神道碑，具在集中。吳良嗣，有籯金堂書目三卷。見通志藝文略。宋志作鄱陽吳氏籯金堂書目三卷。王曙，字晦叔，河南人。第進士。仁宗朝，累官樞密使，同中書門下平章事。居官，深自抑損。方嚴簡重，得大臣體。性喜浮圖。卒諡文康，有集四十卷。又有周書音訓。唐書備問，載斗奉使錄，集漢詔議。李昉，字明遠，饒陽人。仕漢周，歸宋，三入翰林。太宗朝，拜平章事。藏書至富，至闢學館給廩餼，以延學者。奉勅撰太平御覽，文苑英華，太平廣記等書。卒，諡文正。宋綬，字公垂，平棘人。父皐，直集賢。父子同在館閣，世以爲榮。綬博通經史百家，王旦嘗稱其文有永貞元和風格。其時畢士安精校讎，頗多善本，卒後，其藏書盡歸綬；楊徽之藏書至富，徽之無子，舉所藏書，悉贈綬。綬，徽之外孫也。綬既得楊文莊畢文簡之書，多祕府所不及者；遂爲北宋一大藏書家。親自讎校，嘗謂：『校書如掃塵，一面掃，一面生。故有一書，每三四校，猶有脫謬。』（沈括夢溪筆談二十五。）葉石林謂：『宣獻擇之甚精，止二萬卷，而校讎精審，實勝諸家。』（過庭錄）故宋人極重之。卒，諡宣獻。晁說之，端彥子，字以道，慕司馬光之爲人，自號景迂。元豐進士。蘇軾以著述科薦之。說之五世藏

書，雖不及宋宣獻，而校讎最爲精碻。韓淲澗泉日記曰：『晁以道最爲窮經之士，亦留意於文，善敍事。嘗語其侄公鄧曰：「汝
少年，當勉讀書，先讀五經，看注疏，讀三史，文忠公集不可去手。韓文難入頭，先看六一，後昌黎，次太史公，次公羊傳，次春秋。
此是讀書後先。」以道此論，誠有理也！』 劉羲仲，恕子，字壯輿，高安人。以史學世其家。日記五六千字，再世藏書甚富。壯輿
死後，其書錄入南康軍官庫。 李淑，見後注。 田鎬，荊州人。偉子。偉作博古堂，藏書五萬七千卷。其子鎬有書目三卷。 昭
德晁氏，即晁公武，見後注。 王欽臣，字仲至，洙子，卒年六十七。性嗜古，藏書數萬卷，手自讎正，世稱善本。郤掃編曰：『予所
見藏書之富，莫如南都王仲至侍郎家。其目至四萬三千卷，而類書之卷帙浩博，如太平廣記之類，皆不在其間。聞之其子
彥朝云：「先人每得一書，必以廢紙草傳之，又求別本參校，至無差誤，乃繕寫之。必以鄂州蒲圻縣紙爲冊，以其緊慢厚薄
得中也。每冊不過三四十葉，恐其厚而易壞也。此本傳以借人及子弟觀之，又別寫一本，尤精好，以絹素背之，號鎭庫書，非
己不得見也。鎭庫書不能盡有，纔五千餘卷，蓋嘗與宋次道相約傳書，互置目錄一本，遇所闕則寫寄，故能致多如此。」』
李常，字公擇，建昌人。少讀書廬山白石僧舍。既擢第，留所鈔書九千卷，名舍曰李氏山房。學子多從而觀覽。其事蹟見秦淮
海後集卷六李公擇行狀，及蘇魏公集卷五十五李公擇墓誌銘，蘇東坡全集卷十一李氏山房記。 葉夢得，字少蘊，號石
林，吳縣人。平生好收書，逾十萬卷，置之霅川弁山。山居建書樓以庋之。又嘗建紬書閣，以藏公家之書，亦宋代之公共圖書
館也。著有春秋傳，避暑錄話，石林燕語，石林詩話，石林居士建康集，石林詞。 賀鑄，字方回，衞州人。自言唐諫議大夫知章
後，號鑑湖遺老。博學强記，尤長度曲。家藏書萬餘卷，手自校讎，無一字脫誤。故潘邠老贈方回詩云：『詩束牛腰藏舊稿，書

訛馬尾辨新讎』蓋實錄也。僑寓吳中賀，卒後其子孫於紹興初鬻其故書，高宗盡收之，以實三館。其事跡見葉夢得建康集卷八賀鑄傳及宋史四百四十三本傳。倪思字正甫，倪稱子。乾道進士，中博學宏詞科。光宗時，累官禮部侍郎。寧宗時，以忤韓侂胄史彌遠，見重於時。卒謚文節。有齊山甲乙稾，兼山集，經鉏堂雜志。莫君陳，字和中，歸安人。少從胡瑗學，登嘉祐進士。熙寧中，新置大法科，君陳中首選，為安石所重。有月河所聞集，皆記當時雜事。其子伯虛，伯鎔，皆知名。伯鎔子濟，汲，沖亦並擢進士第，時號三莫。沈瀛，字子壽，吳興人。少入太學。仕四十餘年，絀於王官，再入郡，三佐帥幕。生平嗜文字若性命，有竹齋詞。又歸安沈忠，字持正，隱於縣東之東林，因號東老，家頗藏書。程貢，字季長，自號邱園子，江陰人。少孤，力學，嘗撰太玄經義訓，未成而卒。生平喜藏書，自經史子集之外，凡奇訣要錄，畢珍收之。亦多手寫焉。年齒已暮，未嘗暫息，每謂所知曰『余五十年，簡册鉛槧，未嘗離手。』陳直齋，詳後注。夾漈鄭氏，詳後注。方漸，莆田人。積書千卷，皆手自纂定。置閣藏書，榜曰富文。鄭樵嘗就讀之。子孫相傳，為富文方氏。林霆，字時隱，莆田人。政和進士第。博學，深象數，與鄭樵為金石交。林光朝嘗師事之。聚書數千卷，皆自校讎，謂子孫曰：『吾為汝曹獲頁產矣。』宋史四百三十六，附鄭樵傳。吳與，字可權，漳浦人。書錄解題，有吳氏書目一卷。又云：『閩中不經兵火，故家文籍多完具，然地濕苦蠹損。』周密，字公謹，先世濟南人。其曾祖隨高宗南渡，因家吳興之弁山。晚年寓杭之癸辛街，作癸辛雜志。顧身雖寄浙，而心不忘齊，故嘗自署歷山。寶祐間，為義烏令。入元不仕。此云三世舊藏之書，在元初固已散若雲煙矣。

【一四】晁公武五世祖迥，字明遠，眞宗朝工部尙書，詔令多出其手。卒，謚文元。有翰林集，道院集，法藏碎金錄等書。子宗慤，字世艮。天聖中，累遷尚書祠部員外郎，知制誥；父子掌誥，時所稀見。終資政殿學士給事中。諡文莊。賜第京師昭德坊，故曰昭德晁家，宋史俱有傳。公武父冲之，即具茨先生也。喩汝礪具茨詩集序云：「叔用以文莊爲曾大父。」據此，則由公武上溯文元公，實五世也。其家自文元公以來，均以翰墨爲業，幾于人人有集。公武於靖康末避亂入蜀。紹興中進士第，爲四川轉運使井度屬官。度，南陽人。在蜀二十餘年，藏書至富。既罷，載書東下，居于廬山，宿與公武厚，乃舉以贈。公武益以舊藏，故於守榮州時，成讀書志二十卷。此郡齋讀書志之緣起也。公武，宋史無傳。光緒間，有錢保唐撰晁公武事略，見蜀刻衢本補輯。王先謙本，取入附錄。又有陳祺壽者，撰宋目錄家晁公武陳振孫合傳，見國粹學報原六十六期。

【一五】袁本讀書志，有康熙間海寧陳師曾巾箱本。惟衢州二十卷本，世所罕見。清四庫全書，亦只著錄袁州本。乾隆時，瞿中溶收得舊鈔本，顧千里從而寫副，未嘗示人。後瞿氏本爲黃丕烈借去，至嘉慶己卯，吳門汪士鍾閬原得之，屬嘉興李富孫詳校刊行，自是始有流傳。惟瞿木夫（中溶字）曾作衢志考辨，論袁本之失，明衢本之善。顧千里稱其精細詳備，可與本書並行。此稿惜未見，惟木夫集存郡齋讀書志考辨舉要序，及顧千里思適齋集有郡齋讀書志考辨跋一篇，尚可見其著書大旨云。又按嘉興錢泰吉曝書雜記，有一條云：『瞿氏考辨，惜未見傳本。余於兩本異同，未暇詳校，偶檢麟台故事一條，下衢本有「予所藏書斷自南渡之前，獨此書以載官制，後事爲詳，故錄之」云云。此晁氏著錄大凡也。袁本無之，亦優絀之一端也。』

【一六】陳振孫，字伯玉，安吉人，宋史無傳。陸心源湖州府志，有陳振孫傳。又陳祺壽有晁陳合傳，見國粹學報原六十六期。

【一七】李淑，字獻臣，若谷之子。眞宗賜進士及第，累遷龍圖閣學士，有邯鄲圖書志。其子德芻，再集其目爲三十卷。靖康之變，金人犯闕，散亡皆盡。　鄭樵之從子僑，字惠叔，爲乾道進士。僑之子寅，字子敬，亦好收書，與陳振孫友善。振孫嘗傳錄其書，謂子敬所藏書爲七錄：曰經，曰史，曰子，曰藝，曰方技，曰文，曰類。知樞密院，端平初召爲都司，執法守正，出爲漳州以沒。尤袤，字延之，無錫人。紹興十八年進士，官至禮部尚書。嘗取孫綽遂初賦以自號，光宗書匾以錫之，故以名其堂，在無錫九龍山下。藏書至多，法書尤富。

【一八】明代諸目錄家其事實可考見者，彙錄於下：葉盛，字與中，號蜕庵，崑山人。正統十三年進士，吏部左侍郎。成化十年，卒，諡文莊。生平嗜書，手自讎錄，至數萬卷。嘗欲作堂以藏之，取衛風淇澳學問自修之義，名曰菉竹。有菉竹堂書目，蜕庵集，水東日記。　晁瑮，字石君，號春陵，開州人。嘉靖辛丑進士，官至國子監司業。喜藏書，有寶文堂書目三卷。　朱睦㮮，明宗室，字灌甫，周定王橚六世孫。幼端穎，及長，被服儒素，覃精經學，學者稱西亭先生。就宅西建萬卷堂以儲書，其子勤美編有萬卷堂書目。　周弘祖，湖廣麻城人。嘉靖三十八年進士，累官至福建提學使。高拱惡之，謫安順判官。事蹟具明史本傳。古今書刻，上編載各直省所刊書籍，下編錄各直省所存石刻。傳本向少，葉德輝從日人白岩龍平借舊刊本重刊。　李廷相，字夢弼，濮州人。宏治壬戌進士，歷官南京戶部尚書。其藏書處曰雙檜堂。　高儒，居易錄云：「涿州高儒，武弁也。家多藏書，有百川書目。祁承㸁，字爾光，山陰人。萬歷甲辰進士，歷江西右參政。其所鈔書多人所未見，校勘精嚴，紙墨潔淨，藏書之庫曰澹生堂。著有牧津，澹生堂集。又撰澹生堂藏書約，刻入知不足齋叢書。」　周廷槐，金谿人。見千頃堂書目大業堂書目下注。

徐𤊹，字惟起，閩縣人。家鼇峯麓。環堵蕭然，富藏書，積至三萬三千餘卷。倣鄭樵藝文略，馬貴與經籍考之例。爲紅雨樓家藏書目四卷。

【一九】陳第，字季立，號一齋，連江人。萬歷時諸生。都督兪大猷召致幕下，敎以兵法，起家京營，出守古北口，歷薊鎭遊擊將軍。在鎭十年，邊備修飭。性無他嗜，惟書是癖。聞焦弱侯老而好學，裹糧來白門，叩擊屢年，弱侯嘆服。家藏書萬有餘卷，有世善堂書目，毛詩古音考，尚書疏衍，屈宋古音考，寄心集，一齋詩集，五岳兩粵遊草。趙琦美，字元度，自號淸常道人，常熟人。常欲綱羅古今載籍，甲乙銓次，以待後之學者，損衣削食，假借繕寫，窮老盡氣，好之彌篤。編有脈望館書目。毛扆，字季斧，晉子。精校勘，著名於時。有汲古閣祕本書目。

【二〇】朱緒曾開有益齋讀書志曰：『上元黃虞稷兪邰徵君。父居中，字明立，世稱海鶴先生，閩籍。萬歷乙酉舉人，官上海敎諭，遷南國子監丞，轉黃平知州，不赴。築千頃堂藏書數萬卷。年八十三，聞北京陷，北向一慟而卒。今西華門外馬路街，是其遺居也。虞稷爲海鶴先生次子，薦修明史一統志。』

【二一】朱緒曾開有益齋讀書志卷三，千頃堂書目，引虞稷自序，略云：『明初修元史者，藝文不爲特志。明文淵閣書目，僅及元季，三百年作者闕焉。故更其例，記一朝之著述。元史既無藝文，宋志咸淳以後多闕。今並取二季以補其後，而附以遼金之僅一存者，萃爲一編，列之四部。』此其體例也。修明史者，取此書明人著作，爲藝文志。倪闇公錢辛楣補元史藝文志，遞相增益。杭大宗云：『千頃堂載宋人著作，皆宋史所遺，非複出也。余見此書凡數部，若地志及制義，獨此本爲完備，』云云。據此則黃氏著述宋金元人之著述，已於自序中明言之。今張氏適園叢書所刊之千頃堂書目不見此序，賴朱氏引用，尚見崖略，洵足珍也。又拙撰方湖讀書記云：『偶翻黃俞邰千頃堂書目，嘆其著錄之富。然分隸亦有未盡可法者；如禮樂類所收禮書，如姜璉喪禮書，倪復禘祫議之類，可附三禮類；樂類之何景明古樂府，梅鼎祚之古樂苑，本屬總集，楊朝英之太平樂府，梁辰魚之江東白苧，本屬詞曲，黃氏悉舉之以入經部禮樂類，皆於分隸之法不免太疏。』

【二二】隋書經籍志每書名下注，『梁有』或『梁有若干卷』，皆本阮七錄及文德殿四部書目，與今本互異之處，所謂合其近密也。其略注大旨，如淮海亂離志四卷下注云：『叙梁末侯景之亂。』十五代略一卷下注云：『起伏犧至晉』者，所謂約文緒義也。其尤善者，則著錄卷數，皆據現存之數，而以原卷條注於下，俾知其存亡之跡。如晉薛瑩後漢記六十五卷下注云：『本一百卷，梁有，今殘缺。』蕭子雲晉書十一卷下注云：『本一百二卷，梁有，今殘缺。』諸如此類，皆可考見古籍之存亡，亦合其近密之義也。

【二三】清四庫總目卷四十五，隋書提要云：『經籍志編次無法，述經學源流，每多乖誤；如以尚書二十八篇爲伏生口傳，而不知伏生自有書敎齊魯間。以詩序爲衛宏所潤益，而不知傳自毛亨。以小戴禮記有月令明堂位樂記三篇，爲馬融所增，而不知劉向別錄禮記已載此三篇，在十志中爲最下。然後漢以後之藝文，惟藉是以考見源流，辨別眞僞，亦不以小疵爲病也。

【二四】章宗源撰隋書經籍志考證，極精博。創稿之初，先就各類書及羣籍中引及隋以前舊籍，按條緝出，積至多年，稿可隱人，然後鉤稽異同，約其指義，遺文隱記，靡不畢宣。惜其全書未付殺青，故家所藏，僅存史部。朱緒曾開有益齋讀書志云：『余攝牧海昌，錢警石學博云「章氏隋志考證，全書未見，若史部考證，則有之。」是章氏原書在道咸間已散佚久矣。光緒間鄂省崇文書局曾得其史部考證十三卷本，鏤版行世，或卽錢氏所見之本。惟史部亦有殘缺，其餘經子集三部，藏書家更鮮見著錄矣。至章氏長編，展轉爲歷城馬國翰所得，就其原稿，略加補綴，刊爲玉函山房輯佚書。席章氏已成之業，稱著藝林，則又人所未知也。繼章氏而董理隋志者，尚有柳逢艮，姚振宗，楊守敬諸家，皆有成書，僅傳稿本。如得好事者刊刻行世，俾不致如章氏之書散若雲煙，亦學術之光也。(方湖讀書記)』　朱緒曾，字述之，上元人。咸豐間，以研經博物聞名東南。所著有開有益齋讀書志六卷，續志一卷，金石記一卷。其讀書志卷三隋書經籍志考證一條下云：『余素措意此書，屢欲爲之考證，恨未能專心從事，』云云。

【二五】　諸史藝文志，惟宋志最爲草率，且重出尤多。今日偶翻宋志子部，如唐何光遠鑑戒錄，既已著錄，又錄劉曦度鑑戒錄三卷。其誤蓋以何書有劉曦度一序，故分爲二書。此一事也。唐韋絢劉賓客嘉話錄一卷，宋志既載韋絢劉公嘉話一卷，又重出賓客嘉話一卷。劉公嘉話，當卽韋氏書；賓客嘉話，則諸家著錄皆無之；當由他書引用，或稱劉公嘉話，或稱劉賓客嘉話，宋志不及細察，故誤一書爲二書，又脫去劉字耳。此又一事也。高彥休闕史三卷，既著於錄矣；又出闕史一卷，而下注曰：『參寥子述。』不知陳振孫書錄解題，已曰：『高彥休自號參寥子。』是又以一書誤爲兩書也。至目錄類既著錄晁公武讀書志四卷，而傳記類又著錄晁公武讀書志二十卷，其誤蓋讀書志在宋時已有袁衢兩本，一略一詳，遂疑爲二書；

且不復稽其異同，審其體例，竟至重疊箸錄，徒占篇幅。此又一事也。要之，宋史本出元初館臣之手，草率冗濫，已無可掩飾。惟藝文一志，攸關學術，淆亂若此，何以詔後？清儒頗有訂正之志，惟舊籍日希，無從是正，故迄未成書。他時當就甚可考者而辯證之，亦治目錄學之責也。（以上節錄拙撰方湖讀書記）

漢唐以來目錄統表

漢魏——明末

表一　官書目錄表

書名	卷數	作者	箸錄卷數	存佚	附說
別錄	二〇	漢劉向		佚	據漢書藝文志序及隋書經籍志　隋志作七略別錄二十卷
七略	七	漢劉歆	三六〇〇〇	殘	據漢書藝文志序及漢書卷三十六本傳　又隋志阮孝緒古今書最作一萬三千三百一十九卷
魏中經	一四	魏鄭默		佚	據晉書卷四十四本傳　又唐釋道宣廣弘明集卷三序孝緒七錄序及古今書最
晉中經新簿		晉荀勗	二九九四五	佚	據晉書卷三十九本傳　又隋志　舊唐志後序作二萬七千九百四十五卷與此異
晉元帝四部書目		晉李充	三〇一四	佚	據文選玉文憲集序注引臧榮緒晉書　又晉書卷九十二文苑傳　錢大昕元史藝文志序
晉義熙以來新集目錄	三	宋邱深之		佚	據隋志　舊唐書經籍志作雜集目錄　宋史卷八十一附顧琛傳作邱淵之
宋四部大目	四〇	宋殷淳		佚	據宋書卷五十九本傳及阮七錄序　明焦竑國史經籍志作宋祕閣書目四十卷殷淳撰
宋元嘉八年四部目錄		宋謝靈運	一四五八二	佚	據阮氏七錄序及阮氏古今書最　又舊唐志後序作四千五百八十二卷與此異
宋元徽元年四部書目錄	四	宋王儉	一五七〇四	佚	據南齊書卷二十三本傳及阮氏古今書最　又隋志　舊唐志後序作五千七十四卷異
齊永明元年四部目錄		齊王亮　謝朏	一八〇一〇	佚	據阮氏古今書最　胡應麟經籍會通云增益王儉目一萬八千一十卷

梁天監四年書目	四	梁邱賓卿		佚	據舊唐志
梁天監六年四部書目錄	四	梁殷鈞		佚	據隋志及梁書卷二十七本傳
梁東宮四部目錄	四	梁劉遵		佚	據隋志　又高似孫史略卷五　梁書卷四十一附劉儒傳
梁文德殿四部目錄	四	梁劉孝標	二三一〇六	佚	據隋志阮錄並云分術數之書更爲一部故又稱五部目錄　阮序云任昉部集
魏闕書目錄	一	不著撰人		佚	據隋志
陳祕閣圖書法書目錄	一	不著撰人		佚	據隋志
陳天嘉六年壽安殿四部目	四	不著撰人		佚	據隋志
陳德教殿四部目錄	四	不著撰人		佚	據隋志
陳承香殿經史目錄	二	不著撰人		佚	據隋志
隋開皇四年四部目錄	四	隋牛弘	三〇〇〇〇	佚	據隋書卷四十九本傳　及隋志　又舊唐書經籍志後序
隋開皇八年四部目錄	四	不著撰人		佚	據隋志
隋開皇二十年書目	四	隋王劭		佚	據舊唐書經籍志　隋書卷六十九本傳
香廚四部目錄	四	不著撰人		佚	據隋志
隋大業正御書目錄	九	隋柳䛒等	三七〇〇〇	佚	據隋志　又高似孫史略卷五　隋嘉殿則有書三十七萬卷柳䛒等校定正本進御三萬七千餘卷

唐羣書四錄	二〇〇	唐殷踐猷	八二三八四	佚	據新唐志五萬三千九百一十五卷 又唐之學者自爲之書 又二萬八千四百六十九卷
古今書錄	四〇	唐毋煚	五一八五二	佚	據舊唐志引毋煚古今書錄自序
開元內外經錄	一〇	唐毋煚	九五〇〇	佚	據舊唐志引毋煚古今書錄自序庚云二千五百餘部九千五百餘卷
唐集賢書目	一	唐韋述		佚	據新唐書卷一百三十二本傳及新唐志
唐四庫搜訪圖書目	一	不著撰人		佚	據通志藝文略
開元四庫書目	四〇	不著撰人		佚	據通志藝文略 按此疑毋煚古今書錄四十卷之誤
唐祕閣書目	四	不著撰人		佚	據通志藝文略
開成四部書目			五六四七六	佚	據舊唐書及文宗本紀 此目不載兩唐志及通志藝文略或僅有整理未曾流別
蜀王建書目	一	不著撰人		佚	據通志藝文略
乾德新定書目	四	不著撰人		佚	據焦氏國史經籍志 宋史藝文志有史館書新定書目四卷不知作者或同或異俟考
紫微樓書目	一	不著撰人		佚	據通志藝文略 宋史志有紫雲樓書目一卷 是否官書待考
太清樓書目	四	不著撰人		佚	據宋史藝文志焦竑國史經籍志作景德太清樓書目二卷
宋崇文總目	六六	宋王堯臣	三〇六六九	殘	據宋史藝文志郡齋讀書志作六十四卷直齋解題作一卷清錢東垣輯釋五卷補一卷附一卷
龍圖閣書目	七	宋杜鎬		佚	據宋史藝文志

祕閣四庫書目	一〇	不著撰人		佚	據通志藝文略
大宋史館書目	二	宋張方平	一五一四二	佚	據晁公武郡齋讀書志不著撰人　通志藝文略作二卷張方平撰
嘉祐訪遺書詔并目	一	不著撰人		佚	據通志藝文略
祕書總目	一	宋孫覿等		佚	據馬氏經籍考　同編者有倪濤汪藻劉彥通諸人　按此卽崇文總目更名
祕書省四庫闕書目	一	紹興改定		存	據直齋書錄解題云紹興改定其闕者注闕字於逐書之下長沙葉氏有刊本作二卷
中興館閣書目	三〇	宋陳騤等	四四四八六		據直齋書錄解題淳熙五年進上
中興館閣續書目	三〇	宋張攀等	一四九四三		據直齋書錄解題嘉定十三年上　按卷數爲淳熙後續得
國子監書目	一	不著撰人		佚	據通志藝文略
禁書目錄	一	不著撰人		佚	據通志藝文略　宋志同下有學士院司天監同定
川本書籍目	三	不著撰人		佚	據通志藝文略　宋志作川中書籍目錄二卷
明內府經廠書目	二	不著撰人		存	據千頃堂書目及國史經籍志又續通考云卽內翻經廠共一百一十四部皆習見之書
永樂大典目錄	六〇	明解縉等		存	據續通志藝文略　靈石楊氏連筠簃叢書內
祕閣書目	二	明馬愉		疑	據千頃堂書目及國史經籍志　淸四庫提要存目因此書有錢溥序疑卽錢書
內閣書目	一	明錢溥		存	據千頃堂書目　四庫提要存目有祕閣書目題錢溥撰疑千頃堂誤記　明刻本

寧藩書目	一	不著撰人	一	存	據續通志藝文略 千頃堂書目作寧獻王書目一卷 范氏天一閣有藏本
文淵閣書目	一四	明楊士奇		存	據千頃堂書目 續通考通志四庫提要皆作四卷 讀書齋叢書作二十卷
新定內閣藏書目錄	八	明張萱等		存	據千頃堂書目萬歷中編定 今刊入烏程張氏適園叢書 又南京國學圖書館有抄本
國子監書目	一	不著撰人		佚	據千頃堂書目
南雍書目	一	不著撰人		存	據千頃堂書目 近上虞羅振常刻本有明太學經籍志一卷邵懿辰云當即此書
御書樓藏書目	一	不著撰人		佚	據千頃堂書目
都察院書目	一	不著撰人		佚	據千頃堂書目
行人司書目	二	不著撰人		存	據千頃堂書目又云續書目一卷 李之鼎書目舉要云瞿氏有藏本

表二 私家目錄表

書名	卷數	作者	箸錄卷數	存佚	附說
七志	四〇	宋王儉		佚	據南齊書卷二十三本傳 隋志作今書七志七十卷 新唐志有賀蹤補注四字
七錄	一二	梁阮孝緒		佚	據道宣廣宏明集卷三 梁書卷五十一處士傳 南史卷七十六隱逸傳
七林		隋許善心		佚	據隋書卷五十八本傳
西齋書目	一	唐吳兢	一三四六八	佚	據新唐志及晁公武讀書志 舊唐書卷一百二唐書卷一百三十二本傳

新集書目	一	唐蔣彧		佚	據通志藝文略 宋志作蔣彧書目一卷
東齋集籍	二〇	唐杜信		佚	據通志藝文略
都氏書目	一			佚	據通志藝文略
江氏書目		宋江正		佚	據王明清揮麈後錄引鄭毅夫江氏書目記 正字元叔江南人越州刺史
沈諫議書目	三	宋沈立		佚	據通志藝文略 宋史卷三百三十三本傳字立之歷陽人
沈少卿書目	二			佚	據通志藝文略 宋史志有沈氏萬卷堂目錄二卷異同待考
李正議書目	三	宋李定		佚	據通志藝文略 宋史卷三百二十九本傳字資深揚州人
籯金堂書目	三	宋吳良嗣		佚	據通志藝文略 宋志作鄱陽吳氏籯金堂書目三卷
孫氏羣書目錄	二			佚	據宋史藝文志
邯鄲圖書志	一〇	宋李淑	二三一八六	佚	據晁公武讀書志直齋書錄云號圖書十志 宋志卷同 鄭樵作三卷 焦竑作三十卷
邯鄲再集書目	三〇	宋李德芻		佚	據宋史藝文志 德芻李淑子
慶善樓書目	三	台州陳氏		佚	據通志藝文略 宋志作陳貽範潁川慶善樓家藏書目二卷
田氏書目	六	宋田鎬	三〇〇〇〇	佚	據晁公武讀書志 通志作田瑋 宋志作荊州田氏書總目三卷田鎬編
廣川藏書志	二六	宋董逌		佚	據直齋書錄解題云考具本末爲論說及於諸子而止以星占五行爲陰陽類復漢志之舊

求書闕記	七	宋鄭樵		佚	據宋史藝文志　國史經籍志作紹興求書闕記　玉海云樵按祕省闕書目爲闕記七卷外記十卷
求書外記	一〇	宋鄭樵		佚	據宋史藝文志及王應麟玉海
羣書會記	二六	宋鄭樵		佚	據直齋書錄陳云大略記世間所有書非其家有胡元瑞疑卽藝文略草本　馬考作卅六卷
秦氏書目	一	霅須秦氏		佚	據直齋書錄解題
藏六堂書目	一	莆田李氏		佚	據直齋書錄解題
吳氏書目	一	宋吳與		佚	據直齋書錄解題云漳浦吳與可權家藏
江氏書目	二	徐州江氏		佚	據宋史藝文志
呂氏書目	二	不著撰人		佚	據宋史藝文志
羣書備檢	一〇	不著撰人		佚	據晁公武讀書志　按宋志有石延慶馮至游校勘羣書備檢三卷名與此同異同俟考
萬卷樓書目	一	宋方作謀		佚	據通志藝文略
萬卷藏書目	一	宋余衕公		佚	據通志藝文略
郡齋讀書志	二〇	宋晁公武	二四五〇〇	存	據直齋書錄解題　此衢州本也馬端臨據以入經籍考今有汪士鍾王先謙兩刻本王本勝
郡齋讀書志	四	宋晁公武		存	據宋志　此袁州本也有後志二卷考異一卷附志一卷乾隆時據以入四庫　有陳師曾刊本
遂初堂書目	一	宋尤袤		存	據直齋書錄解題　楊誠齋集作益齋書目　宋志作遂安堂書目二卷尤袤撰　說郛本

鄭氏書目	七	宋鄭寅		佚	據直齋解題云爲七錄曰經曰史曰子曰藝曰方技曰文曰類　鄭寅字子敬莆田人
直齋書錄解題	二二	宋陳振孫		存	據續通考經籍考　清倪燦補宋志云原五十六卷此從永樂大典內錄出入四庫書
陸氏藏書目		元陸氏		佚	據錢大昕元史藝文志　黃溍序稱吳郡陸君不詳其名
莊氏藏書目		元莊蓼塘		佚	據陶宗儀輟耕錄
經籍目略		明王佐		佚	據千頃堂書目下注瓊州臨海人
古今書刻	二	明周弘祖		存	據千頃堂書目下注名府州縣所刊書及石刻一作四卷葉煥彬從日人得影寫本據以刊行
西亭中尉萬卷堂書目	一六	明朱勤美		存	據千頃堂目　觀古堂刻本作四卷朱睦㮮　又名聚樂堂藝文目見邵目　又名萬卷堂藝文目八卷
菉竹堂書目	六	明葉盛	二二七〇〇	存	據千頃堂書目　今刻入粵雅堂叢書內　千頃堂此目下又注有菉竹堂碑目十卷
叢書堂書目		明吳寬		佚	據千頃堂書目
李蒲汀家藏書目	二	明李廷相		存	據千頃堂書目　今刻入上虞羅氏玉簡齋叢書內作四卷
王文莊書目	二	明王鴻儒		佚	據千頃堂書目
臨潁賈氏藏書目	二	明賈詠		佚	據千頃堂書目
世善堂藏書目	二	明陳第		存	據今刊入鮑氏知不足齋叢書內
顧尚書書目	六	明顧璘		佚	據千頃堂書目

金陵羅氏書目	四	明羅鳳		佚	據千頃堂書目
天一閣藏書目	四	明范欽			據千頃堂書目天一閣書目十卷本乃嘉慶間阮元重編　薛福成編天一閣現存書目六卷
寶文堂分類書目	三	明晁瑮		存	據續通考　瑮字君石開州人　四庫提要存目云書下著明某刻可考明版源流
百川書志	二〇	明高儒		存	據千頃堂書目　南京國學圖書館有抄本二十卷二册
姑蘇吳氏書目	一	明吳岫		佚	據千頃堂書目
玩易樓藏書目	二	湖州沈氏		佚	據千頃堂書目
存石草堂書目	一〇	明沈啓原		佚	據千頃堂書目下注秀水人嘉靖己未進士
陸文裕藏書目		明陸深		佚	據胡應麟經籍會通　陸自序云分經理性史古書諸子文集詩集類書雜史諸志韻書小學醫藥雜流制書
寄傲堂書目	四	明韓氏		佚	據千頃堂書目
得月樓書目	一	明李如一		存	據常州先哲遺書　又粟香室叢書本　李如一亦作李鶴翀
焦氏藏書目	一	明焦竑		佚	據千頃堂書目
欣賞齋書目	六	明焦竑		佚	據千頃堂書目　下注又欣賞齋金石刻目
澹生堂書目	八	明祁承爜		存	據千頃堂書目今刻入紹興先正遺書作十四卷邵云可分四十七卷　分類頗精

書名	卷數	撰人	冊數	存佚	附注
澹生堂明人集部目錄		明祁承㸁		存	據鄧氏風雨樓叢書　又南京國學圖書館有澹生堂藏書譜藏書訓略不分卷十册
大業堂藏書目	二	明周廷槐		佚	據千頃堂書目下注金谿人
二酉山房書目		明胡元瑞	四二三八四	佚	據王世貞二酉山房記　又胡應麟經籍會通卷二
徐氏家藏書目	七	明徐𤊹		存	據千頃堂書目　繆小山抄本作紅雨樓書目四卷　邵目作十卷
千頃齋藏書目錄	六	明黃居中	六〇〇〇〇	佚	據千頃堂書目按黃虞稷居中次子
牧齋書目	一	明錢謙益		存	據千頃堂書目　葉氏觀古堂有抄本一百二十葉
絳雲樓書目	四	明錢謙益		存	據學雅堂本　又丁氏持靜齋有傳抄本七十四卷　又觀古堂彙刻有補遺一卷
脈望館書目		明趙琦美		存	據邵懿辰四庫簡明目錄標注　四册　近涵芬樓祕笈第六集收入
夏氏書目	一	錢唐夏氏		佚	據千頃堂書目
徐氏書目	一	華亭徐氏		佚	據千頃堂書目
沈氏書目	一	平湖沈氏		佚	據千頃堂書目
古今書目	一〇	明丁雄飛		佚	據千頃堂書目
汲古閣珍藏祕本書目	一	明毛扆		存	據士禮居叢書
玄賞齋書目		明董其昌		存	據四庫目錄標注作二册

西吳韓氏書目		失名		存	據李之鼎書目舉要云明季所編二冊
芙蓉莊書目		明顧從義		存	據四庫目錄標注　邵又云有韓氏書目一冊大同小異其書名又與世傳絳雲樓目相出入
千頃堂書目	三二	明黃虞稷		存	據烏程張氏適園叢書　朱緒曾開有益齋讀書志卷三本目條下引黃虞稷自序七十九字此本闕載
道藏目錄詳注	四	明白雲霽		存	據千頃堂書目　今有退耕堂景印文津閣四庫全書本

表三　史家目錄表

書名	卷數	作者	著錄卷數	存佚	附說
漢書藝文志	一	漢班固	一三二六九	存	據漢書　隋志云七略大凡三萬三千九十卷舊唐志馬經籍考同與漢志異
後漢藝文志		晉袁山松		佚	據阮孝緒七錄序及古今書最　又晉書卷八十三袁瓌傳
關東墳籍志		北魏宋孝王		佚	據劉知幾史通書志篇　所錄皆鄴下當世撰著爲後世斷代藝文志所祖述
隋書經籍志	四	唐魏徵等	五六八八一	存	
舊唐書經籍志	二	唐劉昫		存	
唐書藝文志	四	宋歐陽修		存	
中興四朝藝文志		不著撰人		佚	據馬氏經籍考二十八卷夾漈通志略一條下馬氏按語

漢書藝文志考證	一〇	宋王應麟		存	據續通考經籍考
宋史藝文志	八	元脫脫等		存	
通志藝文略	八	宋鄭樵		存	
文獻通考經籍考	七六	宋馬端臨		存	
國史經籍志	六	明焦竑		存	據續通考經籍考 今刻入粵雅堂叢書第五集
訂正馬端臨經籍考	七六	明何喬新		存	據千頃堂書目 有明刻本
諸史藝文鈔	三〇	明鄒承爗		存	據千頃堂書目 有明刻本

七略四部之開合異同

精研錄略，爲治學之關鍵。惟錄略自劉向父子班孟堅以降，下逮晚近，其從事於此者，指不勝屈。於此而欲詳其得失，條其變遷，自非短幅所能包舉。雖然，不可不詳其要義也。

言錄略者，莫不曰七略也，四部也；顧七略與四部，其開合異同之故，與其在歷史上變遷之迹，亦至繁夥。今欲明其概略，姑先爲略述其源流，更進而論其異同開合之故。

錄略在歷史上之變遷，約可分爲三時期

一 七略時期

古無所謂錄略之學，有之自漢之劉向劉歆始。秦政焚書，典籍喪失，漢氏力懲秦失，大收篇籍。迄於孝武，遺文祕籍，悉充祕府。其時以國家多故，未遑校理，中祕之書，至成帝河平之時，復多散失。

成帝乃使謁者陳農求遺書於天下，又詔光祿大夫劉向校經傳諸子詩賦；步兵校尉任宏校兵書；太史令尹咸校藝數；侍醫李柱國校方技每一書校畢，向輒條其篇目，撮其指意，錄而奏之，是曰別錄。劉向既卒，其子歆復繼其父業，歆又總羣書而奏其七略。本文所謂錄略學者，卽原於此。今七略已不可見。據班固漢書藝文志序，乃知所謂七略者，卽輯略，六藝略，諸子略，詩賦略，兵書略，術數略，方技略是也。班志部次羣書，全本劉略，而班氏刪去輯略，祇存六略，其大體固無甚變易也。自劉向以迄班固，所謂七略之分法，終漢之世未嘗變動，是爲『七略時期』。

二　四部時期

魏晉以後，四部乃興。魏之末年，祕書郎鄭默嘗爲考覈舊文，刪省浮穢，於是有魏中經之作。其曰中經者，猶後世之『內府書目』也。鄭默分部之法，史籍無徵，是否後沿七略之舊，或已改用四部之法，無從斷定。惟晉書荀勗傳稱勗因鄭默中經，更箸新簿，總括羣書，分爲四部：一曰甲部，紀六藝及小學等書。二曰乙部，紀古近子家。三曰丙部，紀史記舊事皇覽簿雜事。四曰丁部，紀詩賦圖讚及汲冢書。大凡四部，合計二萬九千四百四十五卷。是爲首先變易七略之錄略。劉班之舊，至此一變。降及東晉之初，秘府藏書，散亡於惠懷之亂，著作郎李充，又因荀勗四部之法，而換其乙丙之書，定五經爲甲部，史記爲乙部，諸子爲丙部，詩賦爲丁部，後世書目以經史子集分部之次第，至是確定。蓋荀勗四部，子先於史；迄於李充，乃子次史後。四部分類之法，雖肇始於荀勗，實確定於李充也。終晉之世，從事錄略者，大抵遵循四部。是爲「四部時期」。

三　七略與四部並行時期

四部爲晉代通行之體，所謂新法也。然漢代七分之舊法，至宋齊梁陳隋諸朝，並未嘗廢。晉書李充傳稱充四部之法，秘閣以爲永制。故宋齊而後，官府書目，概遵充制；而民間學人所編書目，仍沿漢氏。今考謝靈運之宋元嘉八年秘閣四部目錄，殷淳四部書大目，王儉元徽元年四部書目錄，王亮謝朏等之齊永明元年秘閣四部目錄，丘賓卿之梁天監四年四部書目，任昉殷鈞等之天監六年四部書目錄，劉孝標之文德殿四部目錄，陳天嘉六年壽安殿四部目錄，隋開皇四年四部目錄，煬帝大業正御書目，與唐初隋書經籍志等，則遵守李充四部之官書書目也。其他學人私家所編之書目，如宋王儉之七志，梁阮孝緒之七錄，隋許善心之七林，又皆用七略舊例，而稍加變通。則沿用劉班七略之私家書目也。按王儉七志：一曰經典志，紀六藝小學史記雜傳。二曰諸子志，紀古近諸子書。三曰文翰志，紀詩賦。四曰軍書志，紀兵書。五曰陰陽志，紀陰陽圖緯。六曰藝術志，紀方技。七曰圖譜志，紀地域及圖書。而方外之道經佛經，各爲一錄，附存於七志之後；名雖爲七，實則九志也。阮孝緒七錄，繼王氏七志而起，又稍有變更。一曰經典錄，二曰紀傳錄，三曰子兵錄，四曰文集錄，五曰技術錄，六曰佛法錄，七曰仙道錄。其子目分隸，具載廣弘明集中。許善心七林，僅略見隋書許氏本傳。分部之法，史未能詳，書亦不少概見。惟傳稱善心仿阮氏七錄，更製七林，各爲總序，冠於篇首。又於部錄之下，明作者之意，區分其類例焉。是許氏於規撫王阮之餘，直闖劉班之室，固此時期中治錄略者之佼佼也。由宋至唐，七略與四部之法，並行不悖。是爲『四部與七略並行時期』

綜上所述，七略與四部之開合異同，當如下表；——

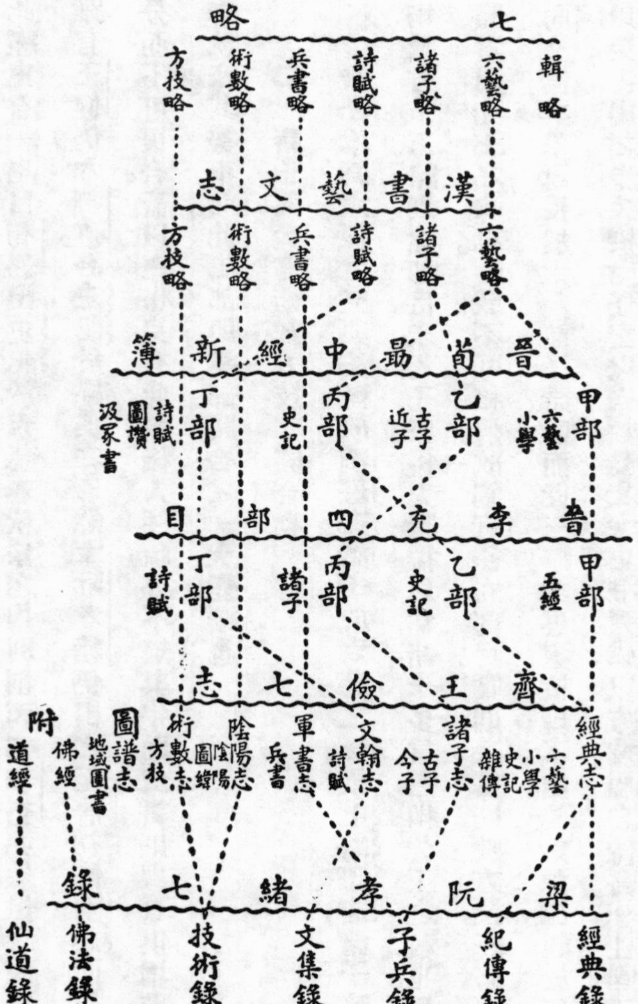

今略就上表所列，分別說明之：—

一　史部與經書之開合也

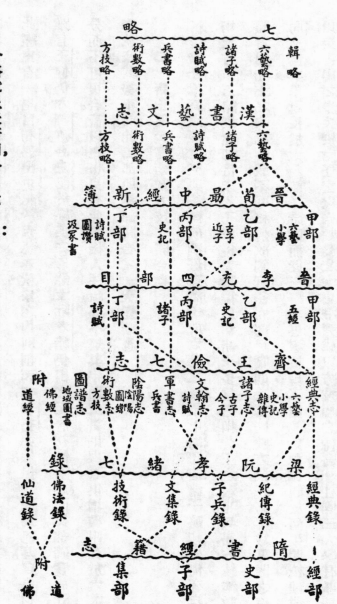

古代目錄史書統轄於六藝之中。蓋以史本出於六藝之春秋，劉略班志六藝略之春秋家，即爲史部。觀於劉班以司馬遷之太史公書及馮商之續史記併附入春秋家內，不復別立部目可證。此經史合一也。自荀勗出史記於六藝春秋家之內，別創丙部，李充亦然。但改丙爲乙耳。自是以後，雖有王儉仍本劉班，合史記於經典之內，然至阮孝緒仍出之。至唐初修隋志，而史部確實成立，一分而不可復合。蓋以經書只有此數，後人注疏，亦不離其宗，而史書則與日俱增，盡附存於六藝之春秋家，其勢不能。此史部與經部開合之一大變遷也。

二　諸子與兵書術數方技之開合也

諸子本爲六經之支與流裔，故劉班次諸子於六藝之後。惟七略班志，諸子略以外，尚有兵書術數方技三略，別立部目，未入子家。後人懸揣，以爲諸子多言道術，先王之敎也。兵書方技術數乃屬實用，先王之政也。政敎不可相淆，故劉班各立部目。實則兵書術數方技三略，本爲專門之學，劉向文儒，其學祇長於六藝諸子詩賦，而此三略非專家校理，不能具論源流。觀於河平間校理遺籍，以兵書屬之步兵校尉任宏，以術數屬之太史令尹咸，以方技屬之侍醫李柱國，三人學有專長，故不復爲合併。亦猶梁時修文德殿書目，而以術數一部，委諸祖暅，而稱爲五部目錄是也。荀勖李充始易四部，此三部不知其分合若何，子部祇稱古近子家，未言合併，以理推測，或已肇合併之漸。王儉七志，全反漢舊。阮孝緒始以兵書入子，而稱之曰子兵；併術數方技爲一錄，而稱之曰技術。合併之迹，已可尋求。迄于隋志，而此三部之書，完全併入子部，一合而不可復分。蓋以三部本爲專家，與諸子之學，可相附麗，分之卽便於校讎，合之則亦相倫類。且四部以統括見長，勢難別出。此兵書術數方技與諸子開合之變遷也。

三　詩賦與文集名異而實同也

漢時尚無集名，故劉略班志，概稱詩賦。建安以後，雖陳徐應劉，各有一集，然尚未大行。荀勖李充，雖易以丁部，但丁爲代替之符號，實則丁部亦詩賦也。王儉始易詩賦爲文翰，因文翰較詩賦二體爲廣。且六朝人文筆判然，以文翰統詩賦，自是當時人見解。至阮孝緒則逕用文集矣；至唐初隋志則逕用集部矣。自是以後，集部確定，至今不改。此詩賦與文集名異而實同也。

四　諸子始終獨立專部也

自劉班立諸子爲專略，荀勖易爲乙部，李充改爲丙部，王儉次諸子志於經典之後，原本劉班。阮孝緒附兵於子，僅有合併，仍爲專部。隋志則逕稱爲子部矣。由漢迄唐，始終獨立，未嘗更變，蓋六經以後，其能推見道術大原實推晚周，以後子家雖純駁不同，要足羽翼經傳，治錄略者，不能不獨立專部，故古今無變更也。

五　圖譜始終未能獨立專部也

古時錄略圖譜未立專稱，蓋以圖譜附書以行，出爲專部，則學術之流別不分，部次之分合易混也。覺於漢志以耿昌日月行帛圖二百三十二卷入術數歷譜，兵家如吳孫子兵法有圖九卷，齊孫子有圖四卷，楚兵法有圖四卷，孫軫有圖五卷，六藝略有孔子徒人圖法諸例，是圖譜已各從其類可知。由漢迄唐之目錄，惟王儉七志，立圖譜爲專部。阮氏七錄，仍以之散歸本錄，不復另闢專門。鄭樵極推王儉爲末世之絕作，而頗致憾於孝緒不能賡續爲恨，實則漁仲之偏見也。王儉以後，圖譜迄無專部。其故可思矣。

六　佛道二家之分合無定也

道家雖原本老子，然漢後異派紛立：有言黃老者；有言服餌者；有言房中者；有言鑪火者，有言符籙者。故道藏一書幾埒四部。佛氏自東漢以後駸盛，至魏晉而經論益滋；至符秦而衆籍咸備；至唐而佛法之書亦儕四部。此道釋二氏萬不可盡附於七略四部之內也。由漢至東晉，目錄無專類。至梁始別行，阮氏七錄序所謂華林園又集釋氏經論是也。王儉始附於七志之後；至阮孝緒則入於七錄之中；至隋志又沿王儉之例，附存於四部之後；至劉昫舊唐志，則併入於子部之道家。皆分合無定也。觀於開元間毋煚修古今書錄時，知其不可合併，別編爲開元內外經錄，收道佛二家，多至二千五百餘部，九千五百餘卷，單目別行。則知二氏之書，終當別行於七略四部之外，亦不能免之事實也。

以上就七略與四部開合異同變遷之犖犖者，條系於右。其他子目之分合，則非本範疇內所討論者，姑從闕如。它日當更論之。

叢書之源流類別及其編索引法

叢書之刊，厥用爲廣。張文襄督學蜀中，會勸學者欲讀古籍，必購叢書；書目答問云、叢書最便學者、爲其一部之中、可該羣籍、蒐殘存佚、爲功尤鉅、欲多讀古書、非買叢書不可、好事者欲求不朽，當刻叢書。書目答問云、凡有力好事之人、若自揣德業學問、不足過人、而欲求不朽者、莫如刊布古書一法、但刻書必須不惜重費、延聘通人、甄擇祕籍、詳校精雕、其書終古不廢、則刻書之人、終古不泯、如歙之鮑、吳之黃、南海之伍、金山之錢、可決其五百年中、必不泯滅、豈不勝於自箸書自刻集乎、昔賢所言，良可遵信。晚近以來，此風大邕，遺文隱記，動成鉅編，雖利鈍並陳，良楛各別，然嘉惠後學，當不可誣。惟刊刻既繁，流別總雜，不有識別，則博而寡要，勞而鮮功之弊，要未能免。用特疏其源流，條其類別，明其緩急，具於左方，志學之士，取而覽觀，亦治目錄學者所有事也。

說文訓叢爲聚。書益稷：『元首叢脞哉。』馬注：『叢總也。』曰聚曰總，其義至明。故總聚衆說而爲書者，謂之叢說；總聚衆書而爲書者，謂之叢書。顧叢書之名至唐宋而始著；叢書之制在周漢而已開。樂正四術，禮記、王制、樂正、四術、立四敎、順先王詩書禮樂以造士、詩存三經。風雅頌爲三經、賦比興爲三緯、書有六體之殊。書有典謨訓誥誓命六體、易有十翼之作。（易有上彖、下彖、上象、下象、上繫、下繫、文言、說卦、雜卦、序卦，爲十翼。）叢書之源，遠肇於此。逮於炎漢，陳篇雜出，二戴刪存仲尼弟子之所記，總萃羣篇排比次第。其中明堂陰陽樂記既各自爲書；而三年問出於荀子，中庸緇衣出於子思子。則其他諸篇捃拾羣策尤易瞭然。此叢書之權輿也。西漢以後，其體益開。漢書藝文志諸子略儒家箸錄劉向所序六十七篇。下注新序，說苑，世說，列女傳頌圖。又揚雄所序書三十八篇。下注太玄十九，法言十三，樂四，箴三。總聚一人生平之所造述而爲之縷列其子目，已開後世專家叢書之先聲。蓋新序說苑者，史部之古史類也；列女傳者，史部之傳記類也；世說者，子部之小說類也；而同稱爲劉向所序書。太玄者，子部之術數類也；法言者，子部之儒家類也；樂則不入經部之樂類，卽當入子部之藝術類；箴則集部別集中之一體耳，而同列爲揚雄所序書。是漢時雖無叢書之名，已有叢書之實。徵諸漢志義例昭然。兩漢以來，本此爲書，其例正繁，無勞屈指。至叢書之名，起於唐宋。唐陸龜蒙有笠澤叢書。宋王楙有野客叢書。以叢書命名，至陸王而始著。顧二書雖有叢書之名，尚非叢書之體。蓋陸氏本爲自編之詩文，自以其書叢脞細碎，遂以叢書名之。實則一人之專集耳。故唐志取其書以入集部之別集類。王楙之書，籀其所記，皆辨證考訂之屬，實與洪邁之容齋隨筆，體例正同。亦與後世所稱之叢書有別。然其名固出於是矣。其眞能彙刻羣書，開明清以來叢書之體者，則自宋寧宗嘉泰二年俞鼎孫之儒學警悟始。鼎孫爲嘉泰中太學生，曾與其兄經共編石林燕語辨，演繁露，嬾眞子，攷古編，捫蝨新語上下集，螢雪集說七種，爲儒學警悟四十卷。宋史藝文志、箸錄於子部類事類、俞鼎孫、作俞鼎、此眞近世叢書之祖也。厥後七二年，而有宋咸淳癸酉古鄮山人左圭百川學海之輯。其書計分十集，所收多唐以來之短書小記，與宋人之詩話筆談譜錄小品，兼收並蓄，蔚爲鉅編，雖皆小種無取，較曾慥類說與無名人續談助諸書，尚無删薙割裂之弊；即比之俞氏之儒學警悟，種類亦多。清乾隆間所修之四庫全書，就中所存之唐宋人小書，泰半析此一書，分散各部。明清以來之藏書家，偶得明人翻刻宋本之百川學海，雖屬畸零，罔不珍共拱璧。則其書之價值可知也。叢書至此，當爲一進步。惜明人一續再續，如明吳永之續百川學海、再續百川學海、三續百川學海、馮可賓之廣百川學海、皆沿左氏舊例、分爲十種、而馮氏廣百川學海、與正續說郛板刻正同、故四庫存目、頗疑書賈從說郛中抽印一百三十種、別刊序文以欺世、或割裂篇章，或詭立名目，名爲有功藝林，實則無關宏旨。此固左氏所未及料也。有明之初，陶宗儀倣曾慥類說之例，而廣其篇籍，掇葺經緯史傳下逮百氏雜說之書，刊爲說郛一百卷，亦沿叢書之體。然多掇拾類書，未見原本，益以割裂，但存鱗爪。明人嗜奇博愛，鐫刻叢書，取爲準式，猥瑣庸濫之作，雜廁簡編。種類雖多，僞諸宗儀，又遠不逮。蓋陶氏書雖掇拾，尚有依據，非由臆改，踵其例者，則多憑藉郢說，擅易篇名，自非方聞之彥，鮮能辨別淄澠。此明代叢書之最不足重者也。綜覽有明叢刻，其中流傳至今，稍可稱述者：雕刻之精，則有程榮之漢魏叢書，顧元慶之文房小說，胡氏之世德堂六子。摭拾之富，則有毛晉之津逮祕書，新安吳琯之古今逸史，雲間陸楫之古今說海，武林鍾人傑之唐宋叢書，會稽商濬之稗海。雖擇別不精，尙能多存古籍。惟明人習氣，喜立新名，兼好刪節，吳陸諸刻，亦未能免。其他如仁和胡文煥之格致叢書，所收至三四百種、名目眩異、尤爲猥濫、如摭困學紀聞論詩之語、曰困學論詩、又摭玉海中詩類一門、曰玉海紀詩、又摭文獻通考論詩數段、曰文獻詩考、皆荒謬可笑者也、豐城李栻之歷代小史，四庫存目載此書、不著撰人、余向於奉新氏見此宋書、知爲李栻所輯、最不多見、故直昂、實不足重也、餘姚胡維新之兩京遺編，其書本存兩京遺箸、而劉勰文心雕龍、乃以其文似漢而收之、王充論衡、劉向說苑、則以篇帙多而擯之、其去取之間、至爲可笑、雲間陳繼儒之寶顏堂祕笈，多小品無關宏旨之作、竟陵鍾惺之祕書十八種，分初集二集、初集如逸周書、孔叢子、新語、韓詩外傳、鹽鐵論、新序、白虎通、風俗通、天祿閣外史、二集如三墳書、春秋繁露、易林、大戴記、說苑、法言、越絕書、文心雕龍、釋名、皆全書、但外史三墳書、爲後人僞撰、乃以祕書視之、眞可哂也、桃溪居士之五朝小說，分魏晉小說、唐人小說、宋人小說、其中多刪節、及妄題撰人、別立新目、大抵沿正續說郛之誤耳、諸刻，更等諸自鄶以下矣。惟明人尙輯有皇朝典故一書，不著撰人，明季人所輯、多收明人掌故筆記，頗足有裨史乘。其書體例，略近山陰祁承㸁之國朝徵信錄，此書僅見百三十三種、目錄、凡亦有闕史乘、書無刊本，余於崇仁謝氏曾見鈔本，凡四十鉅冊。此亦談明人叢書者所宜知也。

有清以來，學術駸盛。鉛槧之事，遠過有明。叢書流布，多而且精。然一代風氣，亦經數變，語其梗概，可得而言：大抵康雍之間，學術漸趨正軌，而明季餘習，尚未湔除。故治經主宋元，語史喜明季。而談藝小品之書，復難割棄。其時叢書著聞於時者：如張潮昭代叢書，納蘭成德之通志堂經解，張伯行之正誼堂全書，曹寅之楝亭十二種，以及陳湖居士之荊駝逸史，皆此時期叢書之魁壘也。若顧炎武音學五書之考音韻，張士俊澤存堂五種之主小學。則又此時期叢書中之菁英，導乾嘉樸學之先路，顧爾時學術風氣，反不重視此一時也。乾嘉以還，樸學寖盛。經疏則主馬鄭，小學則尊洨長。賈其餘力，則又從事諸子之董理，佚文之蒐緝，學必徵實，語必造微。經子之餘，兼及文史。其時則有新疏之羣經，精校之古子，重輯之佚書，審訂之雅記。遺文祕冊，紛然雜陳。流風所播，及於叢刻。抉擇之精，已邁宋元；勘校之業，遠逾明代。其時叢書著聞於時者：如張海鵬之學津討原，墨海金壺，黃丕烈之士禮居叢書，鮑廷博之知不足齋叢書，畢沅之經訓堂叢書，孫星衍之平津館叢書，阮元之學海堂經解文選樓叢書以及孫馮翼之問經堂叢書，黃奭之逸書考，（一名漢學堂叢書）茆泮林之茆氏十種，馬國翰之玉函山房輯佚書皆此時期叢書之代表也。稽其首倡則乾隆間武英殿之廣輯永樂大典及廣搜羣籍四庫全書聚珍板叢書之舉，實隱操中權。風聲所樹踵事遂增若錢儀吉之刻經苑多存宋元經說，楊復吉增輯昭代叢書廣蒐小品。則又沿康雍之餘波者也。當時風尚，又不在是。此一時也。道咸而後，學風丕變。今文之學，方啓於莊劉；（莊存與劉逢祿）許鄭之業，未墜於戴段；邊徼多故，而西北地理之學大興；環瀛洞開，而域外形下之術漸啓。故爾時叢書之刊布，其遵乾嘉之舊軌者：則有蔣光煦之別下齋叢書，（後附涉聞梓舊）錢熙祚之守山閣叢書，指海，伍崇曜之粵雅堂叢書，王先謙之南菁書院經解。其揚西京今文之墜緒者：則有莊存與之味經齋遺書，宋翔鳳之浮溪精舍叢書。其兼採域外形下之學者：則有羅士琳之觀我生齋彙稿，李善蘭之則古昔齋算學。（算經採用西法、淵源甚早、在明則有徐光啓之新法算書一百零三卷、在康雍則有梅文鼎之勿庵曆算全書七十四卷、在乾隆則有戴震之算學十書三十七卷、至道光後、其學益昌、中西並用、著述尤多、）此外叢書文史而外兼收地理、目錄、金石、佛錄、西藏之編：則有潘仕誠之海仙山館叢書，潘祖蔭之滂喜齋叢書，功順堂叢書，黎庶昌之古逸叢書，陸心源之十萬卷樓叢書，張鈞衡之適園叢書，劉世珩之聚學軒叢書，徐乃昌之積學齋叢書。並能繼軌前徽，廣事甄採，勘校之業，亦不後人。取擬乾嘉，精審或遜，博則過之。斯又學風所孕育者也。此一時也。至於近代，學術風氣又異。咸同、鈎沈則窮於三古語文，則旁及細流；自殷墟甲文之出土，而古史補訂之學興；自鳴沙石室之發崛，而祕文勘校之業廣。益以晳種文藝，戲曲是崇，而元曲宋詞，正堪驂靳。形貌既合，研討遂多。一時學子，又感於西方方鑽研東方文哲之學，復苦國學門徑之多歧，而鈎玄舉要之書，起應時需，彙爲鉅帙。他如目錄之學，工具所寄，治學之士，亦復重視。故近世叢書之刻，遂因之而變易其幟志。其趨重專門之叢書：如考訂鳴沙祕籍殷墟文字之屬，則有羅振玉之吉石盦叢書，鳴沙石室古籍叢殘，王國維之藝術叢書，學術叢書。（羅王前後所景印之敦煌遺籍、及甲骨文字考訂之書甚多、此舉其著者也、）勘校詞曲之屬，則有王鵬運之四印齋所刻詞，朱祖謀之彊村叢書，吳昌綬之雙照樓景宋元詞，陶湘之影宋金元詞，吳梅之奢摩他室曲叢，盋山精舍之元明雜劇。其趨重應用之叢書：如遍及四部之屬，則有涵芬樓之四部叢刊；陸費逵之四部備要。僅存一代要籍之屬，則有潮州鄭氏之龍溪精舍叢書，（此書多收漢魏六朝間精校之載籍、遠勝坊間增訂本漢魏叢書、甚合用、）坊刻之清代學術叢書。專蒐目錄之屬，則有上虞羅氏之玉簡齋叢書，長沙葉氏之觀古堂書目叢刻。皆此時期叢書中之魁壘也。此又一時也。綜此四時，各成風尙，叢書刊布，緣是而興。康雍，則其啓蒙時期也；乾嘉，則全盛時期也；道咸，則分化時期也；近代，則匯流時期也。故啓蒙極其大，全盛極其精，分化極其變，匯流極其備。觀於晚近三百年來叢書之變遷，亦卽學術之變遷也。

叢書既備盛於晚近三百年間矣，於是有搜羅古今叢書之子目，彙爲一編，俾學子研精學術之餘，有探獲逢源之樂。創始之初，則有嘉慶間顧棻庢之彙刻書目。（棻庢，名修，石門人，居桐鄉，字仲歐，號松泉，諸生，工詩畫，好藏書，有續畫齋叢書、南宋羣賢小集、彙刻書目，則嘉慶己未年刊也。）流行至於光緒初葉，乃有唐棲朱氏始爲之增訂補綴，視原書又幾倍焉。於是朱書行而顧書廢。後朱氏增修三十餘年，上虞羅振玉氏又搜羅光宣兩朝之新刻叢書及朱目失載者，凡得三百餘種，刊行於民國三年，名曰續彙刻書目。顧與羅氏同時從事彙刻叢目之舉者，尙有宜都楊守敬（據南城李之鼎增訂叢書舉要序，稱壬子避地滬上，楊惺吾爲言，向曾萃合顧朱二書，益以日本之羣書類從、宋元明高麗校本大藏經目錄，然前之所略，及近三十年新刊者，未採入之語，則楊氏之從事修補，又早於羅氏二十餘年矣。）之叢書舉要。但楊氏書僅有稿本，未及刊行。南城李之鼎氏得其原稿，重加訂補，至民國三年，始以活字本印行，名曰增訂叢書舉要。今時學子所恃爲稽考叢書子目者，皆取給是書。蓋以朱羅之彙刻書目，向皆別行。惟楊氏之書，總萃一編，便於瀏覽故也。至諸書分類之法，則草率殊甚。叢書既匯羣籍爲第一編，自難區以四部。故朱羅之彙刻書目，不復別立品目，略依經史子集釋道之次第分別箸錄。惟其性質顯然者，如皇淸經解，二十四史，世德堂六子，漢魏百三名家集之屬，尚可類求。至總萃羣籍之叢書，如聚珍板叢書，知不足齋叢書之屬，則難以部次。此叢書彙目分類之一大困難也。李氏增訂楊目，始於無可區分之中，求學者檢查便利之法。乃於經史子集釋道而外，益以前代，近代，自箸，郡邑，彙刊，諸類目，自謂遠邁朱羅諸家之書矣。殊不知四部釋道，詎無前代近代之分，集部何嘗非自箸之體，界限已自混淆，檢查安見便利，疊床架屋，歧而又歧。區類之旨，果安取乎。讀者反謂不如朱羅諸家不分之爲愈也。鄙意目錄分類，主體主質，各有所尚。體與質分，指歸可識；體與質淆，辨別不易。叢書分類之法，當先定爲總類專類兩大綱，所謂定其體製是也。大綱既定，於是分別其子目，所謂求其性質是也。惟總類子目，仍難以質求，自宜仍從體製，略爲區分，而專類則必窮究其性質，俾可略識指歸。庶幾檢尋自易，是又不必過爲拘泥者也。茲將曩時更定叢書類別之法，略表於下。幷附以舉例，俾治叢書目錄者，得省覽焉。

叢書書目分類表

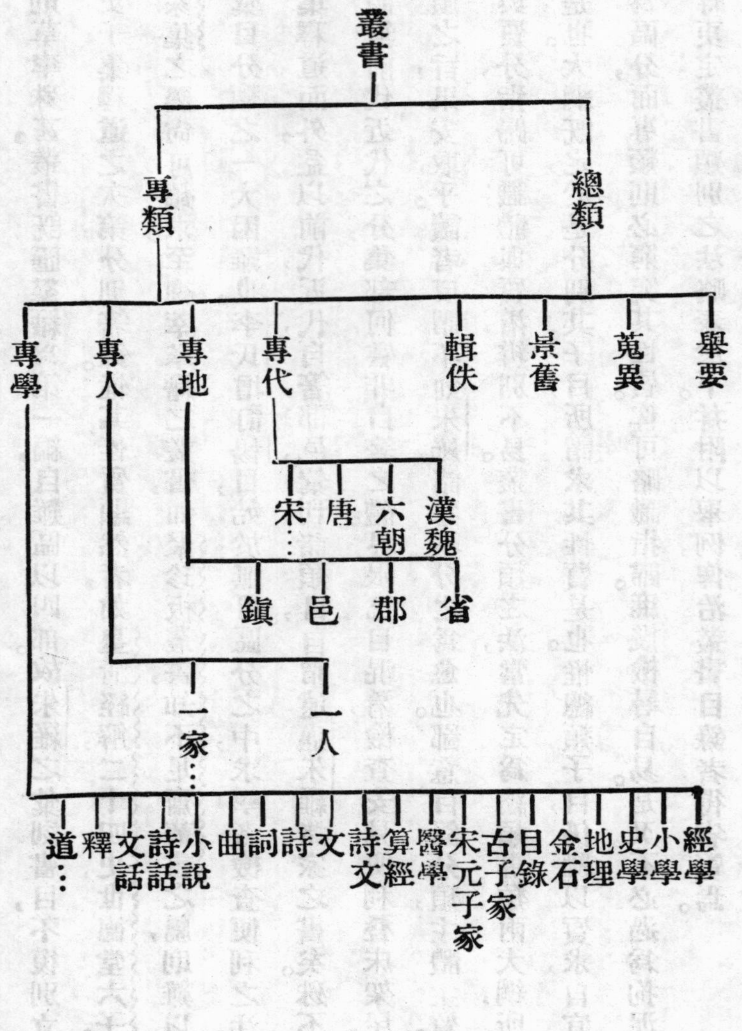
叢書
總類
專類
舉要
蒐異
景舊
輯佚
專代
專地
專人
專學
漢魏
六朝
唐
宋…
省
郡
邑
鎮
一人
一家…
經學
小學
史學
地理
金石
目錄
古子家
宋元子家
醫學
算經
詩文
文
詩
詞
曲
小說
詩話
文話
釋
道…

舉例如下

(一)總類

舉要

四部叢刊　涵芬樓

四部備要　陸費逵

龍溪精舍叢書　鄭氏

清代學術叢書　坊刊

蒐異

百川學海　左圭

津逮祕書　毛晉

學津討原　張海鵬

借月山房叢書　張海鵬

墨海金壺　張海鵬
抱經堂叢書　盧文弨
雅雨堂叢書　盧見曾
知不足齋叢書　鮑廷博
琳琅秘室叢書　胡珽
平津館叢書　孫星衍
讀畫齋叢書　顧修
別下齋叢書　蔣光煦
守山閣叢書　錢熙祚
海山仙館叢書　潘仕成
粤雅堂叢書　伍崇曜
滂喜齋叢書　潘祖蔭

十萬卷樓叢書　陸心源

雲自在龕叢書　繆荃孫

適園叢書　張鈞衡

聚學軒叢書　劉世珩

積學齋叢書　徐乃昌

嘉業堂叢書　劉翰怡

景舊

士禮居叢書　黃丕烈

古逸叢書　黎庶昌

續古逸叢書　涵芬樓

玉海堂景宋元本叢書　劉世珩

輯佚

聚珍板叢書　武英殿
問經堂叢書　孫馮翼
二酉堂叢書　張澍
茆泮林十種　茆泮林
黃氏佚書考　黃奭
玉函山房輯佚書　馬國翰

(二)專類

專代

漢魏叢書　程榮
唐宋叢書　鍾人傑

專地

畿輔叢書　定州王氏

豫章叢書	胡思敬
湖北叢書	三餘草堂
湖北先正遺書	盧靖
嶺南遺書	伍元薇
雲南叢書	趙藩
吳興叢書	劉承幹
紹興先正遺書	徐友蘭
武林先哲遺書	丁丙
武林掌故叢編	丁丙
常州先哲遺書	盛氏
金華叢書　正續	胡鳳丹
永嘉叢書	孫衣言

台州叢書	宋世犖
金陵叢書	蔣國榜
涇川遺書	趙紹祖
貴池先正遺書	劉世珩
海昌叢刻	羊復禮

專人

亭林遺書	顧炎武
船山遺書	王夫之
黃黎洲十八種	黃宗羲
顏李遺書	顏元 李塨
夏峯全書	孫奇逢
西河合集	毛奇齡

抗希堂全集　方苞
帶經堂三十二種　王士禎（以上康雍朝）
戴氏遺書　戴震
潛研堂全書　錢大昕
郝氏遺書　郝懿行
顨軒所著書　孔廣森
經韻樓叢書　段玉裁
通藝錄　程瑤田
容甫所著書　汪中
高郵四種　王念孫子引之
焦氏遺書　焦循
茗柯全書　張惠言

孫淵如全集　孫星衍

北江全書　洪亮吉

東壁遺書　崔　述

章氏遺書　章學誠

揅經室全集　阮　元（以上乾嘉朝）

味經齋遺書　莊存與

浮溪精舍叢書　宋翔鳳

安吳四種　包世臣

古桐書屋遺書　劉熙載

巢經巢全集　鄭　珍

郘亭六種　莫友芝

春在堂全書　俞　樾

戢藝齋遺書　　鄒漢勛　（以上道咸朝）

湘綺樓全集　　王闓運

瑞安孫氏遺書　　孫詒讓

萬木草堂叢書　　康祖詒

四譯館全集　　廖　平

章氏叢書　　章炳麟

王忠慤公叢書　　王國維　（以上近代）

以上一人叢書

叢睦汪氏遺書　　汪師韓等

以上一家叢書

專學

十三經注疏

正續經解　阮元　王先謙
通志堂經解　成德
經苑　錢儀吉
古經解彙函　鍾謙鈞
趙氏七緯　趙在翰
以上經學
澤存堂五種　張士俊
楝亭五種　曹寅
音學五書　顧炎武
小學彙函　鍾謙鈞
許學叢書　張炳翔
以上小學

二十四史　武英殿　近有景宋百衲本　佳

史學叢書　廣雅書局

荊駝逸史　陳湖逸士

以上史學

蓬萊軒地學叢書　丁　謙

小方壺齋輿地叢鈔　王錫祺

問影樓輿地叢書　胡思敬

以上地理

金石叢書　朱記榮

觀海堂金石叢書　楊守敬

以上金石

八史經籍志　張壽榮

玉簡齋叢書二集　羅振玉

觀古堂書目叢刻　葉德輝

汪氏書目三種　江標

以上目錄

世德堂六子　浙局刻

二十二子　鄂局刻

百子全書

以上古子家

正誼堂全書　張伯行

以上宋元子家

醫統正脈全書　四十四種　王肯堂

醫林指月　十二種　王琦

醫學叢書　五種　近刊　景古本

以上醫學

勿庵歷算全書　梅文鼎

算經十書　戴震

則古昔齋算學　李善蘭

以上算經

漢魏百三名家集　張溥

宋人集四編　李之鼎

以上詩文

三十家詩鈔　王定安

唐詩百名家集　席啓寓

南宋六十名家集　鄧邦述

國朝十家詩　　王相

以上詩

乾坤正氣集　　顧沅

中州名賢文表　　劉昌

以上文

詞苑英華　　毛晉

六十家詞　　毛晉

四印齋所刻詞　二十四種　　王鵬運

四印齋彙刻宋元卅一家詞　　王鵬運

宋元名家詞　十五種　　江標

雙照樓景宋元本詞　　吳昌綬

彊村叢書　　朱祖謀

影宋金元詞　陶湘
詞學叢書　秦恩復
以上詞
元曲選　臧懋循
六十種曲　閱世道人
盛明雜劇　沈泰
元人雜劇　董康
雜劇新編　鄒式全
奢摩他室曲叢　吳梅
元明雜劇　柳詒徵
以上曲
顧氏文房小說　顧元慶

稗海 商濬

宋元小說聚珍本 涵芬樓

以上小說

歷代詩話 何文煥

續歷代詩話 丁福保

清詩話 丁福保

螢雪軒叢書 日人近籐元粹

以上詩話

文法津梁 狄葆賢

以上文話

左所舉例，僅就其犖犖者言之。其先後次第，並可隨其數之性質，變通排比。或以時代先後爲次，如總類之蒐異、輯佚、專類之專人、專代、等皆是也。或以地域廣狹爲次，如專地類之首行省，次郡州、次縣邑。次鄉鎮、皆是也。依此區類，則稍識某叢書之性質者，卽可按索而得。至其一書而具有二類性質者，則就其偏重之旨而定其類別。如四部叢刊，重在舉要，而又兼有景舊之體，今仍入舉要類。漢魏百三名家集宋人集四編，重在蒐輯詩文而又兼有專代之體，今仍入專學詩文一類。凡此一望瞭然者，更無庸參用互著之例，徒占篇幅也。

叢書區類，既略具於上矣。尙顧有急待從事者，則編定叢書彙目索引是也。叢書之刊布既日多，而散見各叢書之鴻篇鉅製，名目亦日繁。舊有之叢書彙目，如顧修之彙刻書目，朱氏之增修彙刻書目，羅振玉之續彙刻書目，楊守敬之叢書舉要，以及近人沈乾一之叢書書目彙編諸刻。大抵先列叢書之名，而以本書所收之子目，分注於下。此種編製，但可考見其叢書內所刻何書，書若干種而已。若單舉一書，見收於何種叢書，則翻檢殊爲不易。是必有一執簡馭繁之法，裨可一覽而得識某書已刻入何種叢書，某書以何種叢書所收爲足本，爲精校本，爲刪節本。持此以入圖書館，不待訪問，頃刻可得。其爲便利，奚待煩言。近年頗有志從事於此，惟草創方始，尙未觀成，如假以時日，詳加箸錄，同時能得嚮學之士協同鉤稽，則規模不難略具。此治學者不可少之要籍也。今將舊編叢書書目索引略例，及其樣張，逐錄於下。

叢書書目索引略例

一　叢書書目，如彙刻書目，目覩書目，叢書舉要等，皆於每種叢書下，列其子目，僅可考見某叢書內有某書書若干種。本編將叢書內子目，以首一字筆畫繁簡分散排列，其用在知某書在何種叢書內，並同時知此一書已收入各種叢書，俾可就圖書館或私家藏書樓隨時檢閱。

二　叢書體例，以容納羣籍爲正體，類書總集體，不相侔。彙刻書目，叢書舉要，諸目往往不分，概從甄錄，殊乖本旨。本編嚴加抉擇，除一二總集搜羅較富，或有專集久佚，賴此僅存者，得酌量採錄外，餘概不收。至一人別集，本非叢箸，但有詩文而稱爲正集，前集，後集，新集者，亦不濫入。

三　一書而刻入數種叢書之內，悉得分注。其一書而名稱互異：如李長吉歌詩，又稱昌谷集。張右史集，又稱柯山集，宛邱集者，則用互見之例，仍注已見某書名下，俾便檢閱。

四　本編雖以首一字筆畫繁簡分隸，但下列各書，則就作者時先後爲次，不復沿用通行辭典之例，再數第二字筆畫，以省檢查時間。

五　本編既以子目爲主。惟各叢書之刊刻，良楛各別；其所據之本，有全有缺；所校之書，有精有疏。本編得就各書比較，以簡明一二語注於下方。庶檢閱該書時，得以鑑別。但大略從同者，則略去下注。

六　本編另編叢書書目提要四卷，冠於卷首。提要不列子目，但說明刻書年月，編者略歷，全書種數，而此種叢書之板本勘校，及有無翻刻，重刻，補訂，新印，皆於提要下詳述之。

叢書書目索引樣張(一)

曹子建集　又名陳思王集

十卷	魏曹植	四庫全書	據宋嘉定本鈔　有遺漏
十卷	同上	四部叢刊	據明活字本景印　佳
十卷	同上	四都備要	據明本排印
十卷	同上	續古逸叢書	景宋大字本　佳
十卷	同上	建安七子集	
二卷	淸丁晏輯	漢魏六朝名家集	據丁晏曹集詮評本排印易得可用
一卷	明張溥輯	漢魏六朝百三名家集	多臆改

書名	卷數	編者	叢書	附注
曹集考異	一卷	明鄒湘倜編	歷朝二十五家詩本	但存詩
	二卷	清卓爾堪編	三家詩	但存詩
	一卷	清王定安編	三十家詩鈔	但存五言詩
	一卷	明汪士賢編	漢魏六朝二十名家集	明刊罕見
	一卷	清曾國藩選	十八家詩鈔	但存詩
	十卷	清朱緒曾輯	金陵叢書	詳覈勝丁晏詮評　附敘錄一卷年譜一卷

叢書書目索引樣張(二)

書名	卷數	編者	叢書	附注
陳思王集	見曹子建集			
陳思王年譜	一卷	清丁晏	頤志齋叢書	
	一卷	同上	漢魏六朝名家集曹集內	無錫丁氏排印本
陳后山集	三十卷	宋陳師道	適園叢書	足本
	三十卷	同上	四庫全書	寫本
后山詩注	十二卷	宋任淵注	聚珍板叢書	內府本閩本粵本豫章本皆刻

十二卷	同上	四部叢刊	景高麗活字本　多誤字
十二卷	清紀昀評	鏡烟堂十種本	

漢魏六朝目錄考略

按目錄二字始見於班孟堅漢書敘傳所謂『劉向司籍九流以別爰著目錄略序洪烈』是也後漢鄭玄作三禮目錄僅就禮經節目爲之提要與此異趣乃治目錄學者輒舉三禮目錄謂爲目錄之始見典籍者可謂昧其初祖矣向歆以後茲學大昌踵述源流猶可沿溯茲特徵諸史籍旁稽百家凡漢魏六朝所著錄輯爲稽考俾治藝文事著錄者知所考鏡焉戊辰十二月國垣記。

七略別錄

漢蓽郎諫大夫徵待詔論石渠郎中給事黃門散騎大夫給事中宗正中郎領護三輔都水光祿大夫中壘校尉領校中五經祕書劉向子政譔漢書成帝本紀：河平三年秋八月，光祿大夫劉向校中祕書。謁者陳農使使求遺書於天下。又楚元王附傳：向字子政，本名更生。年十二，以父德任爲蓽郎。弱冠擢諫大夫。元帝初，爲散騎宗正給事中。以石顯等誣陷，中廢十餘年。成帝即位，石顯等伏辜，更生乃復進用，更名向，向以故九卿召拜爲中郎，使領護三輔都水，遷光祿大夫。上方進於詩書，觀古文，詔向領校中五經祕書。向乃集合洪範五行傳論奏之；序次列女傳以戒天子；及采傳記行事，著新序說苑凡五十篇。數上疏言得失，陳法戒，書數十上，以助觀覽，補遺缺。上嘉其言，常嗟歎之。以向爲中壘校尉。向爲人簡易，無威儀，廉靖樂道，不交接世俗，專積思於經術，晝誦書傳，夜觀星宿，或不寐達旦。年七十二卒。卒後十三歲而王氏代漢。向三子皆好學：長子伋，以易教授，官至郡守；中子賜，九卿丞，蚤卒；少子歆，最知名。又藝文志：成帝時，以書頗散亡，使謁者陳農求遺書於天下；詔光祿大夫劉向校經傳諸子詩賦；步兵校尉任宏校兵書；太史令尹咸校數術；侍醫李柱國校方技。每一書已，向輒條其篇目，撮其指意，錄而奏之。荀悅漢紀：孝成皇帝河平三年八月，光祿大夫劉向校中祕書，謁者陳農使使求遺書於天下，故典籍益博矣。後漢應劭風俗通義佚文曰：劉向爲孝成皇帝典校書籍二十餘年，皆先書竹，爲易刊定，可繕寫者，以上素也。今東觀書竹素也。宋書百官志曰：昔漢武帝建藏書之冊，置寫書之官，於是天下文籍，皆在天祿石渠延閣廣內祕府之室，謂之祕書。至成哀世，使劉向父子以本官典其事。至於後漢，則圖籍在東觀，有校書郎。碩學達官，往往典校祕書，如向歆故事。吳志韋曜傳：孫休踐祚，爲中書郎博士祭酒，命曜依劉向故事，校定衆書。晉書荀勗傳：勗領秘書監與中書令張華依劉向別錄，整理記籍。梁阮孝緒七錄序目曰：孝成之世，命光祿大夫劉向及子俊歆等讎校篇籍。每一篇已，輒錄而奏之。（孫氏平津館續古文苑校文曰俊當作伋。向本傳云：長子伋以易敎授官至郡守。不云受詔校書。阮此言，疑出別錄七略也。）又曰：昔劉向校書，輒爲一錄，論其指歸，辨其訛謬，隨竟奏上，皆載在本書。時又別集衆錄，謂之別錄，卽今之別錄是也。又曰劉氏之世，史書甚寡，附見春秋，誠得其例。又曰詩賦不從六藝詩部，蓋由其書既多，所以別爲一略。又曰宋秘書丞王儉依別錄之體，撰爲七志。北齊書樊遜傳：天保七年，遜議刊定秘府書籍曰：漢中壘校尉劉向受詔校書，每一書竟，表上，輒言臣向書長水校尉臣參書太史書太常博士書，中外書，合若干本以相比校，然後殺靑。又曰：向之故事，見存府閣。隋書牛弘傳：弘上表，請開獻書之路曰：漢興，建藏書之策，置校書之官。至孝成之世，遺謁者陳農求遺書於天下，詔劉向父子讐校篇籍。漢之典文，於斯爲盛。隋書經籍志簿錄篇：七略別錄二十卷，劉向撰。唐書經籍志目錄類：七略別錄二十卷，劉向撰。唐書藝文志目錄類：劉向七略別錄二十卷。隋書經籍志簿錄類論云：漢時劉向別錄，劉歆七略剖析源流，各有其部，推尋事迹，疑則古之制也。垣按別錄今已不傳，且奏敍全文，今僅存戰國策管子晏子孫卿書列子書韓非子鄧析書及劉秀上山海經表凡八篇，敍奏之前，具載篇目。藝文志所謂『條其篇目撮其指意』其原書體制蓋如此，斯其僅存者也。又有關尹子，子華子於陵子敍各一篇，皆後人僞託。關尹子見七略道家，子華子於陵子，七略並無其書，何有於敍。至於每書撮其指意，則知後世解題提要之作，淵源於此。垣又按風俗通義謂：『劉向爲孝成典校書籍二十餘年。』考漢書成帝紀河平三年秋八月，劉向校中秘書，又楚元王傳，向子歆同受詔講六藝傳記諸子賦詩數術方技，無所不究。按劉向卒於成帝綏和元年。二年，哀帝卽位，詔劉歆典五經。歆於翌年之建平元年，更名秀，上山海經表。卽用秀名。同歲，以移書讓太常博士，觸大司空師丹之怒，於秋被策免，而歆自當以忤執政懼誅，先丹出守於外。然則歆奏七略，當在哀帝建平元年之春夏間矣。計河平三年乙未（紀前一九三七）至建平元年乙卯（紀前一九一七）前後共二十一年，風俗通所謂二十餘年者，蓋合向歆父子校書之年通計之耳。實則劉向校書不過十九年；劉歆繼業前後又二年。雖曰父子世業，亦當分別觀之也。

章宗源隋書經籍志考證史部簿錄。七略別錄二十卷，劉向撰。漢藝文志曰：成帝詔劉向校經傳諸子詩賦；任宏校兵書；尹咸校數術；李柱國校方技。每一書已，向輒條其篇目，撮其指意，錄而奏之。（本志師古注引劉向別錄）禮記正義：鄭目錄自曲禮至喪服四制，載別錄所屬篇目有通論，（檀弓禮運玉藻大傳經解孔子閒居中庸表記緇衣儒行大學）制度，（曲禮王制禮器少儀）明堂陰陽記，（月令明堂位）喪服，（曾子問喪服小記雜記服問喪大記三年問喪服四制）世子法，（文王世子）祭祀，（郊特牲祭法祭義祭統）子法（內則）通錄（學記樂記）（第十九）喪服之禮，（奔喪）吉禮（投壺）吉事。（冠義昏義鄉飲酒義射義燕義聘義）儀禮疏自冠禮第一至少牢下篇第十七皆引別錄次第相同。詩大雅疏師尙父；尙書疏武帝末民得泰誓又堯典作虞夏書；周禮疏路寢在北堂之西，社稷宗廟在路寢之西。左傳疏左邱明授曾申及荀卿授張蒼並稱劉向別錄。（無七略二字）史記集解索隱兩漢注諸書所引皆無七略二字。唐志題同隋志。

七略

漢待詔黃門郎領校秘書中壘校尉侍中大中大夫騎都尉奉車光祿大夫復領五經劉秀穎叔本名歆字子駿。撰漢書劉向傳：向少子歆最知名。歆字子駿。少以通詩書能屬文，召見成帝待詔宦者署爲黃門郎；河平中受詔與父向領校秘書，講六藝傳記，諸子，詩賦，數術，方技無所不究。向死後，歆復爲中壘校尉。哀帝初卽位，大司馬王莽舉歆宗室有材行，爲侍中大中大夫，遷騎都尉奉車光祿大夫，貴幸。復領五經，卒父前業。歆乃集六藝羣書，種別爲七略。歆以建平元年改名秀，字穎叔云。又傳贊曰：七略剖判藝文，總百家之緒，有意其推本之也。(師古曰言其究極根本深有意也。)漢書藝文志云：會向卒，哀帝復使向子侍中奉車都尉歆卒父業。歆於是總羣書而奏七略：故有輯略，有六藝略，有諸子略，有詩賦略，有兵書略，有數術略，有方技略。荀悅漢紀：劉向卒，上復使其子歆繼卒父業，歆遂撰羣書而奏七略：有輯略，有六藝略，有諸子略，有詩賦略，有兵書略，有數術略，有方技略。凡萬三千二百六十九卷。又漢紀論曰：孝武皇帝時，董仲舒推崇孔氏，抑絀百家。至劉向父子典校經籍，而新義分方，九流區別，典籍益彰矣。梁阮孝緒七錄敍目曰：會向亡，哀帝使歆嗣其前業。乃徙溫室中書於天祿閣上。歆遂總括羣篇，奏其七略。及後漢蘭臺，猶爲書部。又於東觀及仁壽闥撰集新記，校書郎班固傅毅並典祕籍。乃因七略之辭，爲漢書藝文志（隋書經籍志序曰：又於東觀及仁壽閣集新書，校書郎班固傅毅等典掌焉。並依七略而爲書部，固又編之以爲漢書藝文志。）又曰：劉向校書，輒爲一錄，論其指歸，辨其訛謬，隨竟奏上，皆載在本書。時又別集衆錄，謂之別錄。卽今之別錄是也。子歆撮其指要，著爲七略。其一篇卽六篇之總最，故以輯略爲名。次六藝略，次諸子略，次詩賦略，次兵書略，次數術略，次方技略。又古今書最曰：七略書三十八種；六百三家；一萬三千二百一十九卷。五百七十二家亡，三十一家存。宋書志序曰：漢興，接秦坑儒之後，典墳殘缺。耆生碩老，常以亡佚爲慮。劉歆七略，固之藝文，蓋爲此也。隋書經籍志：七略七卷，劉歆撰。又曰：古者史官既司典籍，蓋有目錄以爲綱紀，體制湮沒，不可復知。漢時劉向別錄，劉歆七略，剖析條流，各有其部。推尋事蹟，疑則古之制也。自後王儉作七志，阮孝緒作七錄，大體雖準向歆，而遠不逮矣。唐書經籍志：七略七卷，劉歆撰。又曰：三代之書，經秦燔煬殆盡。漢武帝河間王始重儒術，於灰燼之餘，拓纂散亡篇卷，僅而復存。劉更生石渠典校之書卷軸無幾，逮歆之七略在漢書藝文志者，裁三萬三千九百卷。（三萬當爲一萬）唐書藝文志序曰：自六經焚於秦而復出於漢，其師傳之道中絕，而簡篇脫亂譌闕，學者莫得其本眞，於是諸儒章句之學興焉。自漢以來，史官列其名氏篇第，以爲六藝九種七略。又曰：劉歆七略七卷，逭案七略已不可見，漢書藝文志謂『刪其要以備篇籍』則是班氏藝文志卽七略之舊文，雖章宗源隋書經籍志考證會證其略有異同，然大體固無甚出入也。追溯源流，則劉氏七略，不能不推爲目錄學之初祖，至其明學術流別之旨，啓著錄成法之規，後制雖多，要皆遜其精博也。

七略目次：

一、輯略

二、六藝略

（一）易（二）書（三）詩（四）禮（五）樂（六）春秋（七）論語（八）孝經（九）小學

三諸子略

（一）儒家（二）道家（三）陰陽家（四）法家（五）名家（六）墨家（七）縱橫家（八）雜家（九）農家（十）小說家

四、詩賦略

（一）賦有三類（甲）屈原賦等二十家（乙）陸賈賦等二十一家（丙）孫卿賦等二十五家（二）雜賦（三）歌詩

五、兵書略

（一）權謀（二）形勢（三）陰陽（四）技巧

六、數術略

（一）天文（二）歷譜（三）五行（四）蓍龜（五）雜占（六）形法

七、方技略

（一）醫經（二）經方（三）房中（四）神仙

章宗源隋經籍志考證史部簿錄。七略七卷，劉歆撰。漢志曰：劉向卒哀帝使向子歆卒父業。歆於是總羣書而奏七略故有輯略，（師古曰輯與集同謂諸書之總要）有六藝略，有諸子略，有詩賦略，有兵書略，有數術略，有方技略。劉向傳：河平中歆受詔與父向領校秘書講六藝傳記，諸子，術數方技無所不究。向死，哀帝卽位。復領五經，卒父前業。歆乃集六藝羣書，種別爲七略。愚按班固因七略而志藝文，其與歆異者，特注其出入。（書入劉向稽疑禮入司馬法樂出淮南劉向等琴頌春秋省太史公小學入揚雄杜林儒入揚雄雜出兵法諸子出蹴鞠兵權謀省伊尹太公管子孫卿子鶡冠子蘇子蒯通陸賈淮南王出司馬法入禮兵技巧省墨子重入蹴鞠）使後人可考劉氏原本。今以諸書所引七略，如詩以言情，情者信之符也；書以決斷，斷者心之證也。（初學記文部御覽學部）漢志作詩以正言，義之用也；春秋以斷事，信之符也。史記集解魏公子兵法二十一篇，圖一卷。（信陵君傳）逢門射法。（龜策傳）風后孤虛二十卷。（同上）與漢志合。史記正義：管子十八篇在法家。晏子春秋七篇在儒家。（管晏傳）新語二卷，陸賈撰（陸賈傳）考漢志法家無管子，惟兵家注云省管子。儒家晏子八篇，又削春秋二字。（史記論曰余讀晏子春秋是春秋二字非漢以後所加）陸賈二十二篇，不言新語。俱異七略之舊。文選注：鄒子有終始五德從所不勝木德繼之金德次之火德次之土德次之（魏都賦應吉甫集華林園詩注）乃鄒子終始解題又雅琴琴之言禁也雅之言正也君子守正以自禁也。（長門賦注）乃雅琴趙氏等解題。太平御覽職官部：孝宣帝重申不害君臣篇使黄門郎張子喬正其字。乃申子解題此類漢志皆未取。（馮商莊忽奇杜參史朱宇師古注皆依七略補漢志）至如曲臺記，易九師道訓，（文選竟陵王行狀注）娟子（曹子建七啓注）談天衍雕龍赫，（宣德皇帝令注）鶡冠子，（辯命論注）盤盂書（新刻漏銘注）班固本注雖依七略，而語多從簡。唐志卷同。

漢書藝文志

漢校書郎蘭臺令史玄武司馬中護軍行中郎將事班固撰。漢書敍傳云：彪有子曰固，弱冠而孤，作幽通之賦，以致命遂志。固以爲唐虞三代詩書所及，世有典籍；故雖堯舜之盛，必有典謨之篇，然後揚名於後世，冠德於百王，故曰巍巍乎其有成功，煥乎其有文章也。漢紹堯運，以建帝業，至於六世。史臣乃追述功德，私作本紀，編於百王之末，廁於秦項之列。太初以後，闕而不錄。故探纂前記，綴輯所聞，以述漢書。起於高祖，終於孝平王莽之誅，十有二世，二百三十年。綜其行事，旁貫五經，上下洽通，爲春秋考紀表志傳凡百篇。敍藝文志曰：虙羲畫卦，書契後作。虞夏商周，孔纂其業。纂書刪詩，綴禮正樂，彖系大易，因史立法。六學既登，遭世罔弘，羣言紛亂，諸子相騰。秦人是滅，漢修其缺。劉向司籍，九流以別。爰著目錄，略序洪烈。述藝文志第十。藝文志序曰：昔仲尼沒而微言絕，七十子喪而大義乖。故春秋分爲五，詩分爲四，易有數家之傳。戰國縱橫，眞僞分爭，諸子之言，紛然殽亂。至秦患之，乃燔滅文章，以愚黔首。漢興，改秦之敗，大收篇籍，廣開獻書之路。迄孝武世，書缺簡脫，禮壞樂崩。聖上喟然而稱曰：『朕甚閔焉。』於是建藏書之策，置寫書之官，下及諸子傳說，皆充秘府。至成帝時，以書頗散亡，使謁者陳農求遺書於天下。詔光祿大夫劉向校經傳諸子詩賦，步兵校尉任宏校兵書，太史令尹咸校數術，侍醫李柱國校方技。每一書已，向輒條其篇目，撮其旨意，錄而奏之。會向卒，哀帝復使向子侍中奉車都尉歆卒父業。歆於是總羣書而奏其七略，故有輯略，有六藝略，有諸子略，有詩賦略，有兵書略，有術數略，有方技略。今删其要，以備篇籍。梁阮孝緒七錄序云：歆嗣父業，乃徙溫室書於天祿閣上。歆遂總括羣篇，奏其七略。及後漢蘭臺，猶爲書部，又於東觀及仁壽闥撰集新記，校書郎班固傅毅並典秘籍，固乃因七略之辭，爲漢書藝文志。胡應麟經籍會通云：劉歆七略：一曰六藝，一曰諸子，一曰詩賦，一曰兵書，一曰術數，一曰方技，而首之輯略，以總集諸書之要。則分列品題，實六略耳。班固藝文志增入五家，而省其十家，共三十八種，五百九十六家，萬三千二百六十九卷。歆原數三萬三千九十卷，固節其猥冗，僅得十之三四。大概新莽之亂，焚軼之餘，故也。然七略原書二十卷，班氏藝文僅一卷者，固但存其目耳。向歆每校一書，則撮其旨意，錄而奏之，近世所傳列禦寇戰國策，皆向題詞。餘皆可概見。因以論奏之言，附見各書之下，若馬氏通考之類，以故篇帙頗繁。惜今漫無可考，詳其義例，六藝，經也；諸子兵書術數方技四略，皆子也；詩賦一略，則集之名所由昉，而司馬氏書尙附春秋之末，此時史籍甚微，未足成類也。王先謙漢書補注：大凡書六略，三十八種，五百九十六家，萬三千二百六十九卷。班自注入三家，五十篇，省兵十家。沈欽韓曰：「論衡案書篇：「六略之錄，萬三千篇。」隋志：「七略大凡三萬三千九十卷，」與此志略異。通考卷數，與隋志並同。劉昫志亦云：「漢藝文志裁三萬三千九十卷。」則刻本於上應脫三字。歆所撰雖名七略，其輯略則彙別羣書標列指趣，若志之小序耳，實止有六略也。』葉德輝曰：『案宏明集引阮孝緒梁七錄云：「漢書藝文志書三十八種，五百九十六家，一萬三千三百六十九卷。」是梁時志文二百作三百，總覈志載書數實祇多二卷矣。又引七略云：「書三十八種，六百三家，一萬三千二百一十九卷。」以較藝文志，實多七家，班自注入三家，省兵十家，以較七略，實少七家，其數皆足以兩相取證，惟卷帙則無考耳。』陶憲曾曰：「三家者，劉向揚雄杜林三家也。五十篇者，書入劉向稽疑一篇，小學入揚雄杜林二家三篇；儒家入揚雄三十八篇，賦入揚雄八篇，凡五十篇。皆班氏所新入也。若禮入司馬法，兵技巧入蹴鞠，本在七略之內，互相出入，故不在此數也。」垣按：文書分類，周禮專官所掌，已肇其端，但所掌不定為書籍也。劉略班志，乃始有書籍分類，且極精密，後世四部之法，多源於此。茲就班志觀之：六藝，則經也；諸子兵書術數方技，則子也；詩賦，則集也。史本經之春秋家，故劉略班志以太史公書隸六藝略之春秋家，不立專部。後世史傳日增，乃以附庸蔚為大國，至四部，則以太史公冠史部，正史之首矣。是四部雖起於荀勗李充，然其體則已孕於劉略班志。此源流之可溯者也。惟兵書、術數、方技三略，不統於諸子，而劉班必取與六藝、諸子並列，頗滋疑問。蓋儒、道、名、墨，莊生所謂道術，在是聖人之敎也。兵與術數、方技，則偏於實用，聖人之政也，所施各異，自不能并爲一談。古時政敎之分，於此可見。劉班用意深遠，所謂部次流別，申明大道者也。

後漢藝文志

晉湘西伯秘書丞宜都太守吳國內史袁崧譔晉書八十三袁瓌傳：崧字山松，喬孫，嗣爵湘西伯。少有才名，博學能文，箸後漢書百篇。襟情秀遠，善音樂。舊歌有行路難曲，辭頗疏質，山松好之，爲文其辭句，每因酒酣縱歌之，聽者莫不流涕。初羊曇善唱歌，桓伊能挽樂，乃山松行路難繼之，時人謂之三絕。歷官吳郡太守。孫恩之亂，山松守滬瀆城，城陷被害。梁阮孝緒七錄序云：班固因七略之辭，爲漢書藝文志。其後有箸述者，袁山松亦錄在其書。又古今書最：袁山松後漢藝文志八十七家亡。垣按：袁山松後漢書一百卷，隋志箸錄九十五卷，是唐初以前已有闕佚矣。今隋志所載之九十五卷，已不可見，非賴阮氏七錄，述其賡續班志，則後漢藝文志更無可考見也。

中經

魏祕書郎司徒左長史晉中庶子東郡太守光祿勳鄭默譔。晉書本傳：默袤子，字思玄。爲人敦重，柔而能整。仕魏爲祕書郎，考覈舊文，删省浮穢。中書令虞松謂曰：『而今而後朱紫別矣。』垣案、鄭默中經，乃默仕魏爲祕書郎時所作。梁阮孝緒七錄序，謂魏晉之世，文籍逾廣，皆藏祕書中外三閣。魏祕書郎鄭默刪定舊文，時之論者謂爲朱紫有別。晉領祕書監荀勗因魏中經，更著新簿，雖分爲十有餘卷，而總以四部別之。隋志亦同阮說。今魏中經已不可考，鄭氏區類亦難盡悉，但就荀氏所分四部觀之，或即本於鄭氏。然則四部分類之法，雖確定於李充，發軔於荀勗，而鄭默中經之作，亦在篳路藍縷之列矣。

晉中經十四卷

晉濟北郡公中書監侍中光祿大夫領秘書監尚書令荀勗譔。晉書本傳：勗，爽曾孫，字公會。仕魏累官侍中。入晉，封濟北郡公，拜中書監，進光祿大夫，掌樂事，修律呂，正雅樂。領祕書監，與中書令張華整理記籍，又得汲郡冢中古文竹書，詔勗撰次，以爲中經，列在祕書。王隱晉書曰：荀勗字公會領祕書監，與中書令張華依劉向別錄，整理錯亂。又得汲冢竹書，身自撰次，以爲中經。文選王文憲集序注引荀勗讓樂事表云：臣掌箸作，又知祕書，今覆校錯誤十萬餘卷，書不可倉卒，復兼他職，必有廢頓。阮孝緒七錄序曰：晉領祕書監荀勗因魏中經更箸新簿，分爲十有餘卷，而總以四部別之。阮孝緒古今書最云：晉中經簿，四部書一千八百八十五部，二萬九百三十五卷，其中十六卷佚經書簿，少二卷不詳所載多少。又云：一千一百一十九部亡，七百六十六部存。隋書經籍志序曰：魏祕書郎鄭默始制中經，荀勗又因中經更箸新簿，分爲四部，總括羣書：一曰甲部，紀六藝及小學等書。二曰乙部，有古諸子家，近世子家。三曰丙部，有史記，舊事，皇覽簿，雜事。四曰丁部，有詩賦，圖讚，汲冢書。大凡四部合二萬九千九百四十五卷，但錄題及言，至於作者之意，無所論辨。按此四部分類之發軔也。典籍分類，不外二法：曰質與體而已。以質區者，劉歆七略與後世王儉之七志，阮孝緒之七錄是也。以體區者，荀勗之四部，與後世之四庫是也。主質則頗能統學術之流別，存專門世守之業；崇體則能使界限歸諸整齊，不免有牽湊籠統之弊。惟學異世遭，古時學術代有隆殺，故名墨縱橫，傳少而寖微；紀傳賦詩，世遠而彌盛。七略不能不變為四部，亦勢所必至也。荀氏初變部類，而以汲冢書附入詩賦，以政制混入道術，（兵家術數入乙部法家）牽強難安，已可概見。若李充因荀勗舊簿四部之法，而換其乙丙之書，沒略衆篇之名，總以甲乙為次，此但關於確定經史子集之次第，亦未匡正荀氏附益湊合之失者也。

晉中經新簿目次：

一曰甲部　紀六藝及小學

二曰乙部　有古諸子家近世子家兵書兵家數術

三曰丙部　有史記皇覽簿雜事

四曰丁部　有詩賦圖讚汲冢書

章宗源隋書經籍志考證：史部簿錄。晉中經十四卷，荀勗撰。晉書荀勗傳：勗領祕書監，與張華依劉向別錄，整理記籍。又得汲郡冢中古文竹書，勗撰次之，以為中經，列在祕書。隋志序曰：魏祕書郎鄭默始制中經荀勗又因中經更著新簿。分爲四部，總括羣書：一曰甲部。紀六藝及小學等書。二曰乙部。有古諸子家近世子家。三曰丙部。有史記舊事皇覽簿雜事。四曰丁部。有詩賦圖讚汲冢書。大凡四部合二萬九千九百四十五卷。但錄題及言，至於作者之意無所論辯。魏志王肅傳燉煌周生烈注臣松之按此人姓周生名烈，所著述見晉武帝中經簿。蜀志秦宓傳注臣松之案中經簿有孔子三朝八卷目錄一卷。餘者所謂七篇。周禮天官正義：中經簿子儀本草經一卷。經典釋文序錄：中經簿子夏易傳，丁寬所作。又云：劉表注易十卷。又云：鄭氏孝經注，案中經簿錄無。漢書貨殖傳注：計然者，濮上人。其書有萬物錄，著五方所出，皆直述之事。見晉中經簿北堂書鈔儀飾部：盛書用皂縹囊布裹書函中皆有香囊。太平御覽文部：盛書有縑囊布囊絹囊。（隋志序曰：盛以縹囊書以緗素）並引晉中經簿。唐志卷同。

晉元帝四部書目

晉丞相掾記室參軍剡令大著作郎中書侍郎李充。晉書本傳：充字弘度，江夏人。重弟，矩之子。善楷書，妙參鍾索。爲王導記室參軍。幼好刑名之學，深抑虛浮之士。遷著作郎。於時典籍混亂。光刪除繁重，以類相從，分作四部。秘閣以爲永制。累遷中書侍郎。臧榮緒晉書云：李充字弘度，爲著作郎。於時典籍混亂，刪除繁重，以類相從，分爲四部。甚有條貫。秘閣以爲永制。五經爲甲部；史記爲乙部；諸子爲丙部；詩賦爲丁部。（文選王文憲集序注引）阮孝緒七錄序云：惠懷之亂，其書略盡，江左草創，十不一存。後雖鳩集，淆亂已甚。及著作佐郎李充始加刪正，因荀勗舊簿四部之法，而換其乙丙之書，沒略衆篇之名，總以甲乙爲次，自時厥後，世相祖述。隋書經籍志序曰：東晉之初，著作郎李充以勗舊簿訂校之，其見存者，但有三千一十四卷，充遂總沒衆篇之名，但以甲乙爲次。自爾因循，無所變革。淸錢大昕元史藝文志序曰：晉荀勗撰中經簿，始分甲乙丙丁四部，而子猶先於史。至李充爲著作郎，重分四部：五經爲甲部；史記爲乙部；諸子爲丙部；詩賦爲丁部。而經史子集之次始定。姮案此四部分類之確定也。李充當東晉之初，典籍散亂，十不一存，草創箸錄，簡率可知。觀於荀氏中經，尚及甄錄二萬九千九百四十五卷，而李充僅止三千一十四卷，則爾時典籍之散佚零落，可知。其不能別立種目，而但以甲乙爲次者，亦不得不然之趨勢也。嗣後官修目錄，除梁文德殿五部目錄術數之書自爲一部，外多沿李充之制。自晉迄今，因而不改，則亦非充所及料也。

晉義熙已來新集目錄三卷

宋侍中都官吳郡太守尙書邱淵之譔。（見隋志。唐志同。舊唐志作雜集目錄，並題邱深之譔，蓋避高祖諱也）南史顧琛傳：淵之字思玄，吳興烏程人。位侍中都官尙書，卒於太常。宋書顧琛傳：淵之，烏程人，字思玄。博學有才識。文帝時歷侍中吳郡太守。有文章一百卷。垣案邱書亡佚，其體例已不可見。章宗源隋書經籍志考證亦未詳。

四部書大目四十卷

宋中書黃門侍郞秘書殷淳撰。宋書本傳：淳字粹遠，景仁從祖弟也。少好學，有美名。在秘書閣，撰四部書目四十卷，行於世。南史淳本傳：淳字粹遠，景仁從祖弟也。少好學，有美名。歷中書黃門侍郞，應留直省，以父老特聽還家。高簡寡慾，早有淸尙，愛好文義，未嘗違捨。在秘書閣，撰四部書大目，凡四十卷行於世。阮孝緒七錄序云：宋秘書殷淳撰大四部目。唐書藝文志：殷淳四部書序錄三十九卷。

宋元嘉八年秘閣四部目錄

宋黃門侍郎散騎常侍太子左衞率永嘉太守侍中臨川太守秘書監謝靈運譔。宋書本傳：太祖登祚，徵爲秘書監使整理秘閣書，補足缺文。阮孝緒七錄序云：宋秘書監謝靈運更撰目錄。又阮孝緒古今書最云：宋元嘉八年秘閣四部目錄，一千五百六十四袠，一萬四千五百八十二卷，五十五袠四百三十八卷佛經。隋書經籍志序曰：其後中朝遺書稍流江左，宋元嘉八年，秘書監謝靈運造四部目錄，大凡六萬四千五百八十二卷。胡應麟經籍會通云：謝靈運所校，隋志以爲六萬。按六代間書尙難得，晉渡江才得三千。孝武時三萬，恐亦重複。宋初何能遽爾。當以舊唐書爲正。阮氏七錄數同。

宋元徽元年四部書目錄四卷

宋豫章侯駙馬都尉祕書郎太子舍人祕書丞司徒右長史義興太守黃門郎吏部郎王儉譔。南齊書本傳儉譔定元徽四部書目。阮孝緒古今書最云宋元徽元年祕閣四部書目錄二千二十袠，一萬五千七十四卷（隋志序作一萬五千七百四卷）章宗源隋書經籍志考證史部簿錄。宋元徽元年四部書目錄四卷，王儉撰。南齊書王儉志：儉撰定元徽四部書目，唐志卷同。隋志序曰：宋元徽元年，王儉造目錄，大凡一萬五千七百四卷。

七志

宋王儉譔。南齊書本傳：儉上表，求校墳籍，依七略撰七志四十卷，上表獻之。宋書後廢帝紀：元徽元年八月王儉表上所撰七志三十卷。任昉王文憲集序云：元徽初遷祕書丞，於是采公會之中經，刊宏度之四部，依劉歆七略，更撰七志。阮孝緒七錄序曰：宋王儉更撰目錄，又依別錄之體，撰爲七志。其中朝遺書收集稍廣，然所亡者，猶大半焉。又云：劉歆七略，其一篇卽六篇之總最，故以輯略爲名。次六藝略；次諸子略；次詩賦略；次兵書略；次數術略；次方技略。王儉七志改六藝爲經典；次諸子；次詩賦爲文翰；次兵書爲軍書；次數術爲陰陽；次方技爲術藝。以向歆雖云七略，實有六條，故別立圖譜一志，以全七限。其外又條七略及兩漢藝文志中經簿所闕之書，幷方外之經，佛經、道經，各爲一錄。雖繼七志之後，而不在其數。隋書經籍志序曰：儉撰七志：一曰經典志，紀六藝小學史記雜傳。二曰諸子志，紀古今諸子。三曰文翰志，紀詩賦。四曰軍書志，紀兵書。五曰陰陽志，紀陰陽圖緯。六曰術藝志，紀方技。七曰圖譜志，紀地域及圖書。其道佛附見，合九條。然亦不述作者之意，但以書名之下，每立一傳，而又作九篇條例，編乎首卷之中，文義淺近，未爲典則。宋鄭樵通志圖譜略曰：劉氏七略，收書不收圖，惟任宏校兵書一類，有書有圖。宋齊之間，王儉作七志，六志收書，一志專收圖譜。不意末學而有此作也。胡應麟經籍會通曰：王儉七志：一經典；二諸子；三文翰；四軍書；五陰陽；六術藝；七圖譜。前六志咸本劉氏六略，但易其名，而益以圖譜及佛道二家，名雖曰七，實九志也。然不述作者之意，但於書名之下，每立一傳，而又作九篇條例，編於卷首。蓋亦輯略之意。按經不曰六藝而曰經典。則史固漸備矣。隋志謂其文義淺近，遠非歆向倫。余謂儉齊相佐命，百事塡委，故無暇此浮剽具名耳。垣撰方湖讀書記曰：王儉七志南齊書本傳作四十卷。宋書後廢帝紀作三十卷。隋志作今書七志七十卷。唐志七十卷。賀縱補注。所載卷帙攸差。今儉書已帙，無從諟正。然隋志稱其書名之下，每立一傳。則儉實祖述子政與子駿七略，名同而實異。卷數較繁，或近其實矣。垣案此四部確定後改訂劉略之目錄也。王儉既造元徽四部目錄，以爲主體不主質，則學術之流別無從考索。乃別纂七志以規別錄七略之舊，又不盡依劉例，其斟酌損益之間，具見用意之深遠，可謂不泥古矣。併史傳於經典，體從其朔，易詩賦爲文翰，漸開集先，圖譜立爲專門，佛道歸於附見，上以窺夫辯章道術之微，內以神其紬繹寸心之用。準諸後例，容有差池，然大端要足尙矣。惟緯託於經，可附經末；（隋志改緯入經頗允）藝連於術，終覺混淆。陰陽不及數術之該通，術蓺實遜方技之明顯，方謂智過古人，要亦勇於自用。勿云小節，罔事譏彈也。

七志目次：

一曰經典志　紀六藝小學史記雜傳

二曰諸子志　紀古今諸子

三曰文翰志　紀詩賦

四曰軍書志　紀兵書

五曰陰陽志　紀陰陽圖緯

六曰術藝志　紀方技

七曰圖譜志　紀地域及圖書

附佛經錄（據阮孝緒七錄序說）

附道經錄

章宗源隋書經籍志考證史部簿錄：今書七志七十卷，王儉撰。南齊書王儉傳：儉上表，求校墳籍，依七略撰七志四十卷，上表獻之。宋書後廢帝紀：元徽元年八月，王儉表上所撰七志三十卷。唐志七十卷，賀縱補注。隋志序曰：儉撰七志：一曰經典志，紀六藝小學史記雜傳。二曰諸子志，紀古今諸子。三曰文翰志，紀詩賦。四曰軍書志，紀兵書。〔五〕曰陰陽志，紀陰陽圖緯。六曰藝術志，紀方技。七曰圖譜志紀地域及圖書。其道佛附見，（後魏書釋老志曰劉歆著七略釋氏之學所未曾紀）合九條。然亦不述作者之意，但於書名之下，每立一傳，而又作九篇條例，編乎首卷之中。文義淺近，未為典則。後漢書方術傳注云：有遁甲經，有武王須臾一卷，有師曠六篇。文選注：木華字元虛，為楊駿府主簿，（海賦注）應璩以百言為一篇，謂之百一詩。（百一詩注）棗璩字道彥。弱冠辟大將軍府。（棗道彥雜詩注）張翰字季鷹，文藻新麗。（張季鷹雜詩注）高祖遊張良廟，命佐僚作賦詩，謝瞻所造，冠於一時。（謝宣遠張子房詩注又九日遊戲馬臺詩注引此事作高祖遊戲馬臺）並引今書七志。經典序錄：宋衷易注十卷。陸績述十三卷，錄一卷。王弼易注十卷。王廙注十卷。荀煇注十卷。張璠集解十卷。蜀才是王弼後人。並引七志（省今書二字）又云：尚書大禹謨本虞書，總為一卷，凡十二卷。今依七志七錄為十三卷。通志圖譜略曰：劉氏七略，收書不收圖，惟任宏校兵書一類，有書有圖。宋齊之間，王儉作七志，六志收書，一志專收圖譜。不意末學而此作也。

齊永明元年秘閣四部目錄

齊駙馬都尉祕書丞齊驃騎長史侍中領祕書監王亮謝朏譔。南史王亮傳：亮字奉叔，瑩從父弟也。亮以名家子，宋末選尙公主，拜駙馬都尉，歷任祕書丞。南史謝朏傳：朏字敬冲，莊子。幼聰慧，莊器之。十歲能爲文。齊高帝輔政，選爲驃騎長史，進侍中，領監書監。阮孝緒七錄序云：齊祕書丞王亮監謝朏等，並有新進更撰目錄。阮孝緒古今書最云：齊永明元年祕閣四部目錄，五千，新足合二千三百三十二袠，一萬八千一十卷。垣案永明四部目錄隋志無箸錄，墨守成法，亦無大改易，故關係較少也。

梁天監六年四部書目錄四卷

梁駙馬都尉秘書郎太子舍人秘書丞尙書吏部郎明威將軍臨川內史國子祭酒殷鈞撰。見隋志。梁書本傳：天監初，鈞啓校定秘閣四部書目。南史殷均，字季和，晉荆州刺史仲堪五世孫。好學，有思理，善隸書，好當世楷法。梁武帝以女永興公主妻鈞，拜駙馬都尉，歷秘書丞，在職啓校定秘閣四部書，更爲目錄。又受詔料檢西省法書古迹，列爲品目。阮孝緒古今書最云：梁秘書丞殷鈞撰秘閣四部目錄，書少於文德殿書，故不錄其數也。

梁東宮四部目錄四卷

梁東宮中庶子劉遵譔。南史本傳：遵字少陵，覽弟，有學行，工屬文。爲晉安王綱宣惠雲麾二府記室，甚見賓禮。王立爲太子，仍除中庶子。遵自隨藩及在東宮，以舊恩偏蒙寵遇，時輩莫及。卒官，皇太子與遵從兄少儀令曰：賢從弟中庶，文史該富，琬琰爲心，辭章博贍，玄黃成采。隋書經籍志簿錄。梁東宮四部目錄四卷，劉遵撰。

章宗源隋書經籍志考證曰：唐志同。

梁文德殿四部目錄四卷

梁學士荊州戶曹參軍劉孝標譔。南史本傳：峻字孝標，本名法武，奔江南，改名峻。博極羣書，文藻秀出。梁天監中初召入西省，與賀縱典校秘閣。隋書經籍志云：梁初秘閣經籍，任昉躬加部集。又於文德殿列藏衆書，大凡二萬三千一百六卷，而釋氏不與焉。又云：文德殿目錄其術數之書，更爲一部，使奉朝請祖暅撰其名。故梁有五部目錄。阮孝緒七錄云：齊末兵火，延及秘閣，有梁之初，缺亡甚衆。爰命秘書監任昉躬自部集。又於文德殿內別藏衆書，使學士劉孝標等重加校進，乃分數術之文，更爲一部，使奉朝請祖暅撰其名錄。其尚書閣內別藏經史雜書，華林園又集釋氏經論。自江左篇章之盛，未有踰於當今者也。阮孝緒古今書最云：梁天監四年文德正御四部及術數書目錄，合二千九百六十八袠，二萬三千一百六卷。垣案南史任昉傳：自齊永元以來，秘閣四部，篇卷紛雜。昉手自讎校，由是定目焉。阮氏七錄序亦云：有梁之初，爰命任昉躬自部集。又於文德殿別藏衆書，使劉孝標等重加校進。是劉孝標文德殿四部目以前，似尚有任昉躬自部集之秘閣目錄矣。惟阮錄稱文德書二萬三千一百六卷。隋志同。胡應麟經籍會通則云：梁二萬三千一百六卷，任昉部集，凡釋氏書不與。則任昉所部集之目錄卷數，與孝標文德目數正同。據此則知梁文德殿四部目錄，奏上則出於孝標，創始則由於任昉，而數術之書，乃又出於專家之祖暅；目錄之書，而必集多數學者以成之，蓋知茲事之難也。

七錄十二卷

梁處士阮孝緒撰。南史本傳：孝緒字士宗，陳留尉氏人也。所箸七錄削繁等一百八十一卷，並行於世。梁書處士傳：阮孝緒字士宗，陳留尉氏人也。年十三，徧通五經，屏居一室，非定省未嘗出戶。所箸七錄等書二百七十卷，行於世。廣弘明集卷三：阮孝緒七錄序曰：日月貞明，匪光景不能垂照；嵩華載育，非風雲無以懸感。大聖挺生，應期命世，所以匡濟風俗，矯正彝倫；非夫丘索墳典，詩書禮樂，何以成穆穆之功，致蕩蕩之化也哉？故洪荒道喪，帝昊興其爻畫；結繩義隱，皇頡肇其文字。自斯以往，沿襲異宜，功成治定，各有方冊。正宗既殄，樂崩禮壞，先聖之法，有若綴旒。故仲尼歎曰：『大道之行也，與三代之英，丘未逮也，而有志焉。』夫有志以爲古文猶好也，故自衞返魯，始立素王。於是删詩書，定禮樂，列五始於春秋，興十翼於易道。夫子既亡，微言絕殆；七十並喪，大義遂乖。逮於戰國，殊俗異政，百家競起，九流互作。嬴氏嫉之，故有坑焚之禍。至漢惠四年，始除挾書之律。其後外有大常太史博士之藏，內有延閣廣內秘室之府，開獻書之路，置寫書之官。至孝成之世，頗有亡逸，乃使謁者陳農求遺書於天下。命光祿大夫劉向及子俊（按俊當作伋，漢書向本傳云長子伋，以易敎授，官至郡守，不云曾受校書，阮此言疑出別錄七略也）歆等讎校篇籍，每一篇已，輒錄而奏之。會向亡，哀帝使歆嗣其前業，乃徙溫室中書於天祿閣上。歆遂總括羣篇，奏其七略。及後漢蘭臺，猶爲書部，又於東觀及仁壽闥撰集新記，校書郎班固傅毅並典秘籍。固乃因七略之辭，爲漢書藝文志。其後有著述者，袁山松亦錄在其書。魏晉之世，文籍逾廣，皆藏在秘書中外三閣。魏秘書郎鄭默删定舊文，時之論者，謂爲『朱紫有別』。晉領秘書監荀勗因魏中經，更著新簿，雖分爲十有餘卷，而總以四部別之。惠懷之亂，其書略盡，江左草創，十不一存；後雖鳩集，淆亂已甚。及著作佐郎李充始加删正，因荀勗舊簿四部之法，而換其乙丙之書，沒略衆篇之名，總以甲乙爲次。自時厥後，世相祖述。宋秘書監謝靈運，丞王儉，齊秘書丞王亮，監謝朏等，並有新進，更撰目錄。宋秘書殷淳撰大四部目。儉又依別錄之體，撰爲七志。其中朝遺書，收集稍廣，然所亡者，猶大半焉。齊末兵火，延及秘閣；有梁之初，缺亡甚衆。爰命秘書監任昉躬加部集。又於文德殿內別藏衆書，使學士劉孝標等重加校進，乃分數術之文，更爲一部，使朝請祖暅撰其名錄。其尙書閣內別藏經史雜書，華林園又集釋氏經論。自江左篇章之盛，未有踰於當今者也！孝緒少愛墳籍，長而弗倦，臥病閒居，傍無塵雜。晨光纔啓，緗囊已散；宵漏既分，綠袠方掩。猶不能窮究流略，探盡秘奧；每披錄內省，多有缺然。其遺文隱記，頗好搜集。凡自宋齊已來，王公縉紳之館，苟能蓄集墳籍，必思致其名簿；凡在所遇，若見若聞，校之官目，多所遺漏。遂總集衆家，更爲新錄。其方內經史至於術技，合爲五錄，謂之內篇；方外佛道，各爲一錄，謂之外篇。凡爲錄有七，故名七錄。昔司馬子長記數千年事，先哲愍其勤，雖復稱爲良史，猶有捃拾之責；況總括羣書四萬餘卷，皆討論研覈，標判宗旨。才愧疏通，學慚博達；靡班嗣之賜書，微黃香之東觀；儻欲尋檢，內寡卷軸，如有疑滯，傍無沃啓，其爲紕繆，不亦多乎？將恐後之罪予者，豈不在於斯錄？如有刊正，請俟君子。昔劉向校書，輒爲一錄，論其指歸，辨其訛謬，隨竟奏上，皆載在本書。時又別集衆錄，謂之別錄，卽今之別錄是也。子歆撮其指要，著爲七略：其一篇卽六篇之總最，故以輯略爲名；次六藝略；次諸子略；次詩賦略；次兵書略；次數術略；次方技略。王儉七志：改六藝爲經典；次諸子；次詩賦爲文翰；次兵書爲軍書；次數術爲陰陽；次方技爲術藝；以向歆雖云七略，實有六條，故別立圖譜一志，以全七限。其外又條七略及兩漢藝文志中經簿所闕之書，并方外之經，佛經道經，各爲一錄；雖繼七志之後，而不在其數。今所撰七錄，斟酌王劉。王以六藝之稱，不足標榜經目，改爲經典，今則從之。故序經典錄爲內篇第一。劉王並以衆史合於春秋，劉氏之世，史書甚寡，附見春秋，誠得其例。今衆家記傳，倍於經典，猶從此志，實爲繁蕪；且七略詩賦，不從六藝詩部，蓋由其書既多，所以別爲一略。今依擬斯例，分出衆史，序記傳錄爲內篇第二。諸子之稱，劉王並同。又劉有兵書略，王以兵字淺薄，軍言深廣，故改兵爲軍。竊謂古有兵革兵戎治兵用兵之言，斯則武事之總名也，所以還改軍從兵。兵書既少，不足別錄，今附於子末，總以子兵爲稱。故序子兵錄爲內篇第三。王以詩賦之名，不兼餘制，故改爲文翰。竊以頃世文詞，總謂之集，變翰爲集，於名尤顯，故序文集錄爲內篇第四。王以數術之稱，有繁雜之嫌，故改爲陰陽；方技之言，事無典據，又改爲藝術。竊以陰陽偏有所繫，不如數術之該通；術藝則濫六藝與數術，不逮方技之要顯；故還依劉氏，各守本名。但房中神仙，既入仙道，醫經經方，不足別創。故合術枝之稱，以名一錄，爲內篇第五。王氏圖譜一志，劉略所無；劉數術中雖有歷譜，而與今譜有異。竊以圖畫之篇，宜從所圖爲部，故隨其名題，各附本錄；譜既注記之類，宜與史體相參，故載於記傳之末。自斯已上，皆內篇也。釋氏之敎，實被中土，講說諷味，方軌孔籍。王氏雖載於篇，而不在志，限即理求，事未是所安。故序佛法錄爲外篇第一。仙道之書，由來尙矣。劉氏神仙，陳於方技之末；王氏道經，書於七志之外。今合序仙道錄爲外篇第二。王則先道而後佛，今則先佛而後道；蓋所宗有不同，亦由其敎有淺深也。凡內外兩篇，合爲七錄。天下之遺書秘記，庶幾窮於是矣。有梁普通四年，歲在單閼仲春十有七日，於建康禁中里宅，始述此書。通人平原劉杳從余遊，因說其事。杳有志積久，未獲操筆，聞余已先著鞭，欣然會意。凡所抄集，盡以相與，廣其聞見，實有力焉；斯亦康成之於傳釋，盡歸子愼之書也。

古今書最：

七略書三十八種，六百三家，一萬三千二百一十九卷。

五百七十二家亡。三十一家存。

漢書藝文志：書三十八種，五百九十六家，一萬三千三百六十九卷。

五百五十二家亡。四十四家存。
袁山松後漢藝文志書（案此下當有脫文）
八十七家亡。
晉中經簿四部書一千八百八十五部，二萬九百三十五卷，其中十六卷佛經書簿少二卷，
不詳所載多少。
一千一百一十九部亡，七百六十六部存。
晉元帝書目四部三百五袠，三千一十四卷。
晉義熙四年秘閣四部目錄（案此下當有脫文）
宋元嘉八年秘閣四部目錄一千五百六十四袠，一萬四千五百八十二卷。五十五袠，四百
三十八卷佛經。
宋元徽元年秘閣四部書目錄二千二十袠，一萬五千七十四卷。
齊永明元年秘閣四部目錄五千新足，合二千三百三十二袠，一萬八千一十卷。

梁天監四年文德正御四部及術數書目錄合二千九百六十八袠，二萬三千一百六卷。

祕書丞殷鈞撰祕閣四部書，少於文德書，故不錄其數也。

新集七錄內外篇圖書凡五十五部，六千二百八十八種，八千五百四十七袠，四萬四千五百二十六卷。

六千七十八種，八千二百八十四袠，四萬三千六百二十四卷，經書。二百三種，二百六十三袠，八百七十九卷，圖符。

內篇五錄：四十六部，三千四百五十三種，五千四百九十三袠，三萬七千九百八十三卷。

三千三百一十八種，五千三百六袠，三萬七千一百八卷，經書。一百三十五種，一百八十七袠，七百七十五卷，圖也。

外篇二錄：九部，二千八百三十五種，三千五十四袠，六千五百三十八卷。

二千七百五十九種，五千九百七十八袠，六千四百三十四卷，經書。七十六種，七十八袠，一百卷，符圖。

七錄目錄

經典錄內篇一：——

易部：六十四種，（案六十舊作本誤合二字爲一也今改正）九十六帙，五百九十卷。

尙書部：二十七種，二十八帙，一百九十卷。

詩部：五十二種，六十一帙，三百九十八卷。

禮部：一百四十種，二百一十帙，一千五百七十卷。

樂部，五種，五帙，二十五卷。

春秋部：一百一十一種，一百三十九帙，一千一百五十三卷。

論語部：五十一種，五十二帙，四百一十六卷。

孝經部：五十九種，五十九帙，一百四十四卷。

小學部：七十二種，七十二帙，三百一十三卷。

右九部，五百九十一種，七百一十帙，四千七百一十卷。

紀傳錄內篇二：——

國史部：二百一十六種，五百九帙，四千五百九十六卷。

注曆部：五十九種，一百六十七帙，一千二百二十一卷。

舊事部：八十七種，一百二十七帙，一千三十八卷。

職官部：八十一種，一百四帙，八百一卷。

儀典部：八十種，二百五十二帙，二千二百五十六卷。

法制部：四十七種，九十五帙，八百八十六卷。

僞史部：二十六種，二十七帙，一百六十一卷。

雜傳部：二百四十一種，二百八十九帙，一千四百四十六卷。

鬼神部：二十九種，三十四帙，二百五卷。

土地部：七十三種，一百七十一帙，八百六十九卷。

譜狀部：四十二種，四百二十三帙，一千六十四卷。

簿錄部：三十六種，六十二帙，三百三十八卷。

右十二部，一千二十種，二千二百四十八帙，一萬四千八百八十八卷。

子兵錄內篇三：——

儒部：六十六種，七十五帙，六百四十卷。

道部：六十九種，七十六帙，四百三十一卷。

陰陽部：一種，一帙，一卷。

法部：十三種，十五帙，一百一十八卷。

名部：九種，九帙，二十三卷。

墨部：四種，四帙，一十九卷。

縱橫部：二種，二帙，五卷。

雜部：五十七種，二百九十七帙，二千三百三十八卷。

農家部：一種，一帙，三卷。

小說部十種，十二帙，六十三卷。

兵家部五十八種，六十一帙，二百四十五卷。

右一十一部二百九十種，五百五十三帙，三千八百九十四卷。

文集錄內篇四——

楚辭部，五種，五帙，二十七卷。

別集部七百六十八種，八百五十八帙，六千四百九十七卷。

總集部十六種，六十四帙，六百四十九卷。

雜文部二百七十三種，四百五十一帙，三千五百八十七卷。

右四部，一千四十二種，一千三百七十五帙，一萬七百五十五卷。

術技錄內篇五——

天文部四十九種，六十七帙，五百二十八卷。

讖緯部三十二種，四十七帙，二百五十四卷。

曆筭部：五十種，五十帙，二百一十九卷。

五行部：八十四種，九十三帙，六百一十五卷。

卜筮部：五十種，六十帙，三百九十卷。

雜占部：十七種，十七帙，四十五卷。

刑法部：四十七種，六十一帙，三百七卷。

醫經部：八種，八帙，五十卷。

經方部：一百四十種，一百八十帙，一千二百五十九卷。

雜藝部：十五種十八帙，六十六卷。

右十部，五百五種，六百六帙，三千七百三十六卷。（案以下內篇每錄總數多與每部下數不合外篇之仙道錄亦然皆弘明集傳寫之誤也今無以知爲孰是仍其舊而錄之）

佛法錄三卷外篇一：——

戒律部：七十一種，八十八帙，三百二十九卷。

禪定部：一百四種，一百八帙，一百七十六卷。

智慧部：二千七十七種，二千一百九十帙，三千六百七十七卷。

疑似部：四十六種，四十六帙，六十卷。

論記部：一百一十二種，一百六十四帙，一千一百五十八卷。

右五部，二千四百一十種，二千五百九十六帙，五千四百卷。

仙道錄外篇二：——

經戒部：二百九十種，三百一十八帙，八百二十八卷。

服餌部：四十八種，五十二帙，一百六十七卷。

房中部：十三種，十三帙，三十八卷。

符圖部：七十種，七十六帙，一百三卷。

右四部，四百二十五種，四百五十九帙，一千一百三十八卷。

文字集略：一帙，三卷，序錄一卷。

正史刪繁十四帙，一百三十五卷序錄一卷。

高隱傳一帙，十卷序例一卷。

古今世代錄一帙，七卷。

序錄二帙，二十一卷。

雜文一帙，十卷。

聲緯一帙，一卷。

右七種二十一帙，一百八十一卷。（案此數亦不合說見前）

阮孝緒撰，不足編諸前錄，而載於此。

鄭樵通志圖譜略云：王儉七志，專收圖譜。阮孝緒不能續之，散圖而歸部錄，雜譜而歸記注。胡應麟經籍會通云：阮孝緒七錄：一經典；二紀傳；三子兵；四文集；五技術；六佛；七道；又本王氏（七志）而加紀傳；并諸子兵書爲子兵；陰陽術藝爲技術；又益以佛道二家。史書至是漸盛，與經子并列；而佛道二家，大行於中國矣。又云：前史所述魏晉諸家書目，條流僅舉，銓次靡詳，惟阮氏七錄始末備載弘明集中。余觀其分門創義，損益前規，綜核之功，勤且力矣。隋唐志率沿此，因節錄之。

七錄目次節錄

經典錄　一易　二書　三詩　四禮　五樂　六春秋　七論語　八孝經　九小學　凡四千七百一十卷

紀傳錄　一國史　二注曆　三舊事　四職官　五儀典　六法制　七僞史　八雜傳　九鬼神　十土地　十一譜狀　十二簿錄　凡一萬四千八百八十八卷

子兵錄　一儒　二道　三陰陽　四法　五名　六墨　七縱橫　八雜　九農家　十小說　十一兵家　凡三千八百九十四卷

文集錄　一楚辭　二別集　三總集　四雜文　凡一萬七百五十五卷

技術錄　一天文　二讖緯　三歷筭　四五行　五卜筮　六雜占　七刑法　八醫經　九經方　十雜藝　凡三千七百三十六卷

佛法錄　一戒律　二禪定　三智慧　四疑似　五論記　凡五千四百卷

仙道錄　一經戒　二服餌　三房中　四符圖　凡一千一百三十八卷

右分類大概與通攷合。惟析技術置四部外，而兵家尙半諸子，蓋秦漢軍書最盛，故劉王特列兵家；而術數方技條流繁衍，至析爲二。梁世稍減，因以兵子同條，術數共貫，唐宋以後益微，遂皆統於子矣。又云：阮氏古今書最，記漢藝文志書五百九十六家，僅四十四家存。據今傳漢以前書，大約五十餘家。然鶡冠子等，後世僞撰，雜其中不下十餘，則所存之數，政與阮合。蓋漢以前書，盡喪於東京之末，梁後未嘗亡也。阮錄又有後漢藝文志目若干卷，第云八十七家亡，而不箸存數。按范志無藝文一類，蓋謝承書也。晉中經簿一千百十九家，僅七百六十家存，亡三之一。至宋以後書，不紀亡數，蓋世近大概存也。又云：凡書唐以前皆爲卷軸，蓋今所謂一卷，卽古文一軸，至裝輯成帙，疑皆出雕板之後，然六朝已有之。阮孝緒七錄，大抵五卷以上爲一帙，前代書帙之製，僅此足徵，因錄於左。雖頗無關涉，亦博雅所宜知也。經典錄（七百一十帙）紀傳錄（二千二百四十八帙）子兵錄（五百五十三帙）文集錄（一千三百七十五帙）技術錄（六百六帙）佛法錄（二千五百九十六帙）仙道錄（四百五十九帙）共八千五百四十七帙，四萬四千五百餘卷。又云阮自箸書，二十一帙一百八十一卷，附七錄末今無一傳。惜其用力之勤，并識此。餘見隋志。詳見宏明集。（文字集略正史削繁高隱傳古今世代錄雜文聲緯并諸序錄略共七種合所編七錄共八種）

章宗源隋書經籍志攷證史部簿錄：七錄十二卷，阮孝緒撰，梁書阮孝緒傳：孝緒箸七錄行於世。隋志序曰：普通中有處士阮孝緒，博採宋齊以來王公之家凡有書記，參校官簿，更爲七錄：一曰經典錄，紀六藝。二曰紀傳錄，紀史傳。三曰子兵錄，紀子書兵書。四曰文集錄，紀詩賦。五曰技術錄，紀數術。六曰佛錄。七曰道錄。其分部題目，頗有次序，割析辭義，淺薄不經。（隋志依七錄，凡注中稱梁有今亡者，皆阮氏舊有）書舜典正義云：曰若稽古帝舜曰重華協於帝，此十二字，是姚方興所上，孔氏傳本無。（經典釋文同又云尚書十二卷今依七志七錄爲十三卷）孝經序正義：穀梁名俶，字元始。（本經典序錄）論語序正義：周生烈字文逸，本姓唐，魏博士侍中。（本經典序錄）史記正義：甘公楚人。戰國時作天文星占八卷。石申魏人。戰國時作天文八卷。（天官書）太公兵法一袠三卷。太公姜子牙，周文王師，封齊侯也。（留侯世家）申子三卷。韓子，二十卷。（申韓列傳）經典序錄：費直易章句四卷殘缺。孟喜章句，下經無旅至節，無上繫。京房章句十二卷，一卷目。馬融傳九卷，荀爽注十一卷。鄭元注十二卷。劉表章句九卷，錄一卷，宋衷注十卷。董遇章句十卷。姚信注十二卷。信字元直，吳興人，吳太常卿。王廙注十卷。張璠集解，集二十八家。蜀才不詳何人。劉瓛作繫辭義疏。王肅撰禮記音，並引阮孝緒七錄。史通因習篇曰：阮氏七錄，以田范裴段諸記劉石符姚等書，別創一名，題爲僞史。而撰隋書經籍志者，其流別羣書，還依阮錄。唐志卷同。今存廣宏明集內阮氏七錄一卷。（通志圖譜略曰：王儉七志專收圖譜，阮孝緒不能續之，散圖而歸部錄，雜譜而歸記注）

魏闕書目錄一卷

見隋志，不箸撰人。隋書經籍志敍曰：後魏始都燕代，南略中原，初收經史，未能全具，孝文徙都洛邑，借書於齊，秘府之中，稍以充實。暨於爾朱之亂，散落人間。馬端臨文獻通考經籍考曰：道武嘗問博士李先曰：天下何物最善，可以益人神智？對曰：莫若書籍。帝曰：書籍凡有幾何？如何可集？對曰：

自書契以來，世有滋益，以至於今，不可勝計。苟人主所好，何憂不集。乃命郡縣大收書籍，悉送平城。垣按北朝收集篇籍，據隋志所云，知魏齊周三朝並皆搜聚校寫，其有目錄見於史志者僅此而已。通志藝文略亦著錄，卷同隋志，並皆不著撰人。書亡已久，鄭氏蓋本諸隋志耳。清章宗源作隋志攷證，徵引甚賅博，而茲目闕載，其無佚文足以取證可知矣。

陳祕閣圖書法書目錄一卷

見隋志，不著撰人。垣按章宗源隋志攷證闕載。

陳天嘉六年壽安殿四部目錄四卷

見隋志，不著撰人。唐志卷同。隋書經籍志序曰：梁元帝收文德殿之書，公私經籍，歸於江陵，大凡七萬餘卷。周師入郢，咸自焚之。陳天嘉中又更鳩集，攷其篇目，遺闕尚多。垣案章宗源隋志攷證載此目，僅引隋志序，別無徵引。

陳德教殿四部目錄四卷

見隋志，不箸撰人。垣按通志藝文略，亦載此目，卷同隋志，無撰人，蓋本隋志也。

陳承香殿五經史記目錄二卷

見隋志，不箸撰人。垣按通志藝文略，亦載此目，卷同隋志，無撰人，蓋本隋志也。

開皇四年四部目錄四卷

隋散騎常侍祕書監禮部尚書太常卿大將軍吏部尚書上大將軍右光祿大夫牛弘譔。隋志不箸撰人。隋書經籍志序曰：隋開皇三年，祕書監牛弘表請分遣使人搜訪異本，每書一卷賞絹一四，校寫既定，本卽歸主。於是民間異書，往往間出。及平陳以後，經籍漸備。檢其所得，多太建時書，紙墨不精，書亦拙惡。於是總集編次，存爲古本。召天下工書之士，京兆韋霈南陽杜頵等，於祕書內補續殘缺，爲正副二本藏於宮中其餘以實祕書內外之閣凡三萬餘卷。隋書（四十九）本傳：弘，字里仁，安定鶉觚人也。本姓尞氏。好學博聞。開皇初授散騎常侍祕書監。弘以典籍遺逸上表請開獻書之路曰：經籍所興由來尚矣！爻畫肇於庖羲，文字生於蒼頡。聖人所以弘宣教導博通古今，揚於王庭，肆於時夏。故堯稱至聖，猶考古道而言；舜其大智，尚觀古人之象。周官外史掌三皇五帝之書，及四方之志。武王問黃帝顓頊之道，太公曰：在丹書。是知握符御歷，有國有家者，曷嘗不以詩書而爲教，因禮樂而成功也。昔周德既衰，舊經紊棄，孔子以大聖之才，開素王之業，憲章祖述，制禮刊詩，正五始而修春秋，闡十翼而弘易道，治國立身，作範垂法。及秦皇馭寓，吞滅諸侯，任用威力，事不師古，始下焚書之令，行偶語之刑。先王墳籍，掃地皆盡。本既先亡，從而顚覆。臣以圖讖言之，經典盛衰，信有徵數。此則書之一厄也。漢興，改秦之弊，敦尚儒術，建藏書之策，置校書之官，屋壁山巖，往往間出。外有太常太史之藏，內有延閣祕書之府。至孝成之世，亡逸尚多，遣謁者陳農求遺書於天下；詔劉向父子讎校篇籍。漢之典文，於斯爲盛。及王莽之末，長安起兵，宮室圖書，並從焚燼。此則書之二厄也。光武嗣興，尤重經誥，未及下車，先求文雅。於是鴻生鉅儒，繼踵而集，懷經負帙，不遠斯至。肅宗親臨講肄；和帝數幸書林。其蘭臺石室，鴻都東觀，祕牒塡委，更倍於前。及孝獻移都，吏治擾亂，圖書縑帛，皆取爲帷囊；所收而西，載七十餘乘。屬西京大亂，一時燔蕩。此則書之三厄也。魏文代漢，更集經典，皆藏在祕書內外三閣。遣祕書郎鄭默删定舊文，時之論者，美其「朱紫有別」。晉氏承之，文籍尤廣。晉祕書監荀勗定魏內經，更著新簿。雖古文舊簡，猶云有缺；新章後錄，鳩集已多；足得恢弘正道，訓範當世。屬劉石憑陵，京華覆滅，朝章國典，從而失墜。此則書之四厄也。永嘉之後，寇竊競興，因河據洛，跨秦帶趙。論其建國立家，雖傳名號，憲章禮樂，寂滅無聞。劉裕平姚，收其圖籍，五經子史，纔四千卷；皆赤軸靑紙，文字古拙。僭僞之盛，莫過二秦，以此而論，足可用矣。故知衣冠一物，圖畫記注，播遷之餘，皆歸江左。晉宋之際，學藝爲多；齊梁之間，經史彌盛。宋祕書丞王儉依劉氏七略，爲撰七志；梁人阮孝緒亦爲七錄。總其書數，三萬餘卷。及侯景渡江，破滅梁室，祕省經籍，雖從兵火，其文德殿內書史，宛然猶存。蕭繹據有江陵，遣將破平侯景，收文德之書，及公私典籍，重本七萬餘卷，悉送荆州。故江表圖書，因斯盡萃於繹矣。及周師入郢，繹悉焚之於外城，所收十纔一二。此則書之五厄也。後魏爰自幽方，遷宅伊洛，日不暇給，經籍闕如。周氏創基關右，戎軍未息。保定之始，書止八千；

後加收集，方盈萬卷。高氏據有山東，初亦採訪，驗其本目，殘缺尤多。及東夏初平，獲其經史，四部重雜，三萬餘卷。所益舊書，五千而已。今御書單本合一萬五千餘卷，部帙之間，仍有殘缺。比梁之舊目，止有其半，至於陰陽河洛之篇，醫方圖譜之說，彌復爲少。臣以經書自仲尼以後，迄於當今，年踰千載，數遭五厄；興集之期，屬膺聖世。伏惟陛下受天明命，君臨區宇，功無與二，德冠往初。自華夏分離，彝倫攸斁；其間雖霸王遞起，而世難未夷；欲崇儒業，時或未可。今土宇邁於三王，民黎盛於兩漢；有人有時，正在今日。方當大弘文教，納俗升平；而天下圖書尚有遺逸，非所以仰協聖情流訓無窮者也。臣史籍是司，寢興懷懼。昔陸賈奏漢祖云：『天下不可馬上治之』，故知經邦立政，在於典謨矣。爲國之本，莫此攸先。今祕藏見書，亦足披覽，但一時載籍，須令大備，不可王府所無，私家乃有。然士民殷雜，求訪難知，縱有知者，多懷恡惜，必須勒之以天威，引之以微利。若猥發明詔，兼開購賞，則異典必臻，觀閣所積，重道之風，超于前世，不亦善乎！伏願天鑒少垂照察！上納之。於是下詔，獻書一卷，賚縑一匹。一二年間，篇籍稍備。進爵奇章郡公，邑千五百戶。三年，拜禮部尚書，奉勅修撰五禮，勒百卷，行世。六年，除太常卿。九年，詔改雅樂，尋授大將軍，拜吏部尚書。其選舉先德行後文才，隋之選舉，於斯爲盛。大業二年，進位上大將軍。三年，改爲光祿大夫。六年，從幸江都。十一月，卒，時年六十六。諡曰憲。性寬厚，篤志於學，雖職務繁雜，書不釋手。有文集十三卷，行於世。舊唐書經籍志：史部目錄類。隋開皇四年書目四卷，牛弘撰。唐書藝文志：史部目錄類。牛弘隋開皇四年書目四卷。舊唐書經籍志後序：曰隋氏平陳，南北一統。祕書監牛弘奏請搜訪遺逸，箸定書目，凡三萬餘卷。胡應麟經籍會通：曰隋初一萬五千餘卷，見牛弘進書表。此時合正副本，僅三萬餘，湘東煨燼所存，幷平陳所得也。又曰牛弘之主購書，勤矣！力矣！隋之書籍所以盛絕古今者，奇章力也。

開皇八年四部目錄四卷

見隋志，不箸撰人。唐志不載。垣按通志藝文略，亦載此目，卷同隋志，無撰人。蓋本隋志也。

開皇二十年書目四卷

隋著作佐郎員外散騎侍郎著作郎祕書監王劭譔。隋志未箸錄。隋書（六十九）本傳：劭字君懋，晉陽人。少沈嘿，好讀書。齊魏收辟參開府軍事，累遷太子舍人，待詔文林館。時祖孝徵魏收陽休之等嘗論古事有所遺忘，討閱不能得，因呼劭問之。劭具論所出，取書驗之，一無舛誤，時人稱其博物。齊滅入周不得調。高祖受禪，授著作佐郎，以母憂去職。又起爲員外散騎侍郎，修起居注。劭採民間歌謠，引圖書讖緯，依約符命，捃摭佛經，撰爲皇隋靈感誌，合三十卷奏之，上令宣示天下。煬帝嗣位，遷祕書少監。劭在著作，將二十年，專典國史，撰隋書八十卷，多採迂怪不經之語，辭義繁雜，無足稱者。初撰齊誌，爲編年體二十卷；復爲齊書紀傳一百卷；及平賊記三卷。文辭鄙野，大爲有識者所嗤鄙。然其採摘經史謬誤，爲讀書記三十卷，時人服其精博。舊唐書經籍志史部目錄類：隋開皇二十年書目四卷，王劭撰。唐書藝文志史部目錄類：王劭隋開皇二十年書目四卷。垣按此目隋志闕載，兩唐志始著錄，並題王劭撰。劭雅好著述，翰墨不足觀。本傳亦但敍其敷陳符命，求媚世主，所撰若皇隋靈感誌、隋書、齊誌、齊書紀傳、平賊記、讀書記，皆列其卷目，而此目不載本傳及經籍志，蓋偶失也。唐時篇籍尚繁，新舊二志，當有所本，今據以補題。章宗源作隋志攷證，亦僅據唐志列入他無所徵。

香廚四部目錄四卷

見隋志，不著撰人。垣按兩唐志不載此目，通志藝文略亦據隋志著錄。

隋大業正御書目錄九卷

隋東宮學士通直散騎常侍檢校洗馬祕書監漢南縣公柳䛒譔。北史（八十三）本傳：䛒字顧言，河東人也。少聰敏，解屬文，好讀書，所覽將萬卷。仕梁爲著作佐郎。蕭詧據荊州，以爲侍中，領國子祭酒、吏部尙書。及梁國廢，轉晉王諮議參軍。王初斆庾信體，及見䛒後，文體遂變。仁壽初，引爲東宮學士，加通直散騎常侍，檢校洗馬，甚見親重，有所顧問，應答如響。煬帝嗣位，拜祕書監，封漢南縣公。帝退朝後，便命入問，言宴諷讀，終日而罷。從幸揚州，卒，謚曰康。䛒撰有晉王北伐記十五卷，集十卷。北史隋西京嘉則殿有書三十七萬卷。煬帝命祕監柳顧言等詮次，除其重複猥雜，得正御本三萬七千餘卷，納於東郡修文殿。又寫五十副本，簡爲三品，分置西京東都宮省官府。其正御書皆裝翦華綺，寶軸錦標，於觀文殿前爲書室十四間，窗戶褥幔，咸極珍麗。隋書經籍志序曰：煬帝卽位，祕閣之書，限寫五十副本分爲三品：上品紅瑠璃軸；中品紺瑠璃軸；下品漆軸。於東都觀文殿東西廂，構屋以貯之。東屋藏甲乙，西屋藏丙丁。又聚魏以來古跡名畫，於殿後起二臺：東曰妙楷臺，藏古跡；西曰寶臺，藏古畫。又於內道場集道佛經，別撰目錄。大唐武德五年，克平僞鄭，盡收其圖書及古跡焉。命司農少卿宋遵貴載之以船，泝河西上，將致京師，行經底柱，多被漂沒，其所存者，十不一二；其目錄亦爲所漸濡，時有殘闕。今考見存，分爲四部，合條爲一萬四千四百六十六部，有八萬九千六百六十六卷。舊唐書經籍志序曰：隋氏建邦，寰區一統。煬帝好學，喜聚逸書，而隋氏簡編，最爲博洽；及大業之季，喪失者多。後序又曰：隋氏平陳，南北一統。祕書監牛弘奏請搜訪遺逸，箸定書目，凡三萬餘卷。煬帝寫五十副本，分爲三品。國家平王世充，收其圖籍，泝河西上，多有沈沒，存者重複八萬卷。唐書藝文志序曰：初隋嘉則殿書三十七萬卷，至武德初，八萬卷，重複相糅。王世充平，得隋舊書八千餘卷。太府卿宋遵貴監運東都，浮舟泝河，西致京師，經砥柱舟覆，盡亡其書。文獻通考經籍考曰：煬帝卽位，增祕書省官百二十員，並以學士補之。帝好讀書箸述，自爲揚州總管，置王府學士至百人，常令修撰，以至爲帝，前後近二十載，修撰未嘗暫停。自經術，文章，兵，農，地理，醫卜，釋，道，乃至捕搏鷹狗，皆爲新書，無不精洽：共成三十一部，萬七千卷。初，西京嘉則殿有書三十七萬卷，帝命祕書柳顧言等詮次，除其複重猥雜，得正御本二萬七千餘卷，納於東都修文殿。又寫五十副本，分爲三品，上品紅琉璃軸；中品紺琉璃軸；下品漆軸：於東都觀文殿東西廂構屋以貯之。東屋藏甲乙，西屋藏丙丁。其正御書皆裝翦華淨，寶軸錦標，於觀文殿前爲書室十四間，窗戶牀褥厨幔，咸極珍麗。每三開方戶垂幔，上有飛僊，戶外地中施機發。帝幸書室，有宮人執香爐前行，踐機則飛僊下收幔而上，戶扉及厨扉皆自啓，帝出，則復閉如故。明陸儼深山外集統論云：隋嘉則殿有書三十七萬卷，可謂富矣。柳顧言等之所校定，才三萬七千餘卷，則是重複猥雜，張其數耳。胡應麟經籍會通曰：隋大業中三萬七千餘卷，柳䛒等校定，總三十七萬卷，正本進御僅此。然隋志總目八萬九千餘卷，蓋柳氏校定之後，或有所增，或唐時人據前代舊目，芟除猥雜，會爲此編也。諸史藝文皆草草，惟隋志盛欲備一家言，追劉王阮氏諸書序意，可見大都。垣按隋志總目，箸錄多至八萬九千餘卷，視大業進御正本三萬七千之數，所增逾半。隋志蓋就唐時搜訪所得，重加部錄耳。不必根據正御舊本也。且隋世所藏，武德之初，漂沒殆盡。隋志已言舊時所存十不一二，其目錄亦爲所漸濡，時有殘缺。則隋志未嘗沿大業之舊於此可見。經籍會通又云：凡前代書籍之厄，史皆備書，獨隋世篇籍最盛而諸志不言所終。考隋世諸書咸在東都。煬幸廣陵，東都守禦獨完。自王世充降唐，唐盡收其圖史，僅八萬卷中間未嘗被火，向時藏蓄之盛，竟何在耶？惟杜寶大業江都記云：隋書籍三十七萬，悉焚於廣陵，當是實錄。蓋煬帝酷嗜經典，既欲徙都廣陵，必盡載諸書自從，洛陽八萬，意當時副本耳。又云：前代懸購遺書咸箸條目。隋有闕書錄；唐有訪書錄；宋有求書錄；異時人主留意若此。隋文父子所以能致三十七萬於一時者，蓋民間獻書無所不納也。

七林

隋通直散騎常侍虞部侍郎祕書丞許善心譔。隋志兩唐志並闕載。隋書（五十八）本傳：善心字務本，高陽北新城人也。幼聰明，有思理，所聞輒能誦記，多聞默識，爲當世所稱。家有舊書萬餘卷，皆遍通涉。十五解屬文，牋上父友徐陵，陵大奇之，謂人曰：才調極高，此神童也。起家，除新安王法曹太子詹事江總舉秀才對策高第，授度支郎中轉侍郎，補選史學士。禎明二年，加通直散騎常侍。陳亡，高祖拜通直散騎常侍賜衣一襲，善心哭盡哀入房改服，復出北面立垂涕再拜受詔。從幸太山還授虞部侍郎。十六年有神雀降含章闥，善心於座請紙筆製神雀頌。高祖甚悅。十七年，除祕書丞。于時祕藏圖籍，尚多淆亂，善心放阮孝緒七錄，更製七林，各為總序冠於篇首。又於部錄之下，明作者之意，區分其類例焉。又奏追李文博陸從典等學者十許人正定經史錯謬。仁壽元年，攝黃門侍郎。二年，加攝太常少師，與牛弘等議定禮樂，祕書丞黃門並如故。大業元年，轉禮部侍郎，以宇文述譖，左遷給事郎，降品二等。初善心父撰箸梁史未就而沒；善心述父志修續家書。十年，加授朝散大夫。駕幸江都，追敍前勛授通議大夫，詔還本品行給事郎。十四年，宇文化及弒逆之日，以善心不至不遜害之。時年六十一。垣按許氏七林，隋唐諸志咸未箸錄。其可考見厓略者，僅隋書本傳所載數行而已。七略而後踵例成書者，在宋有王儉之七志，在梁有阮孝緒之七錄，並皆但記書名，而於學術之流別，作者之旨趣，鮮有發明。許氏崛起於楊隋之世，所製七林，獨能注重於篇首之總序，作者之意旨，是於規撫王阮之餘，兼存劉氏輯略之意，後世解題提要之作，淵源雖出於別錄，然善心七林之作，亦有承先啓後之功，又非王阮所能望項也。惜乎其書久佚，非推分門創義，無可窺尋；即隋唐二志，亦未見箸錄其書其卷數之多寡，更無從考索也。